大夏书系·教师专业发展

优秀教师的自我修炼

给青年教师的成长建议

李志欣 著

华东师范大学出版社
全国百佳图书出版单位

图书在版编目（CIP）数据

优秀教师的自我修炼：给青年教师的成长建议/李志欣著. —上海：华东师范大学出版社，2018
ISBN 978-7-5675-8258-3

Ⅰ.①优… Ⅱ.①李… Ⅲ.①青年教师—师资培养—研究 Ⅳ.①G451

中国版本图书馆 CIP 数据核字（2018）第 204676 号

大夏书系·教师专业发展

优秀教师的自我修炼
——给青年教师的成长建议

著　　者	李志欣
责任编辑	卢风保
封面设计	奇文云海·设计顾问

出版发行	华东师范大学出版社
社　　址	上海市中山北路 3663 号　邮编　200062
网　　址	www.ecnupress.com.cn
电　　话	021-60821666　行政传真　021-62572105
客服电话	021-62865537
邮购电话	021-62869887　地址　上海市中山北路 3663 号华东师范大学校内先锋路口
网　　店	http://hdsdcbs.tmall.com

印 刷 者	北京季蜂印刷有限公司
开　　本	700×1000　16 开
插　　页	1
印　　张	14.5
字　　数	215 千字
版　　次	2018 年 10 月第一版
印　　次	2023 年 3 月第十五次
印　　数	48 101 - 50 100
书　　号	ISBN 978-7-5675-8258-3/G·11444
定　　价	39.80 元

出版人　王　焰

（如发现本版图书有印订质量问题，请寄回本社市场部调换或电话 021-62865537 联系）

Contents 目 录

序　青年教师是学校变革的关键力量 / 001

第一章　如何缩短新手期
　　第一节　要认一个师父 / 003
　　第二节　主动订阅专业报刊与书籍 / 008
　　第三节　积极参加各级业务比赛活动 / 012
　　第四节　努力争取外出学习的机会 / 017
　　第五节　跟名师名家学做老师 / 022

第二章　如何快速提高教学能力
　　第一节　备课隐藏着提高教学质量的全部秘密 / 029
　　第二节　建构以问题为主体实现生命对话的教学 / 033
　　第三节　在自主课堂上用好自主学习 / 037
　　第四节　变革，教师教学生活的风向标 / 042
　　第五节　从单一目标走向"全局性理解" / 049

第三章　如何保持融洽的师生关系
第一节　学生犯错误不可怕 / 055
第二节　遭遇教育困境后，观念要自觉重建 / 058
第三节　学生，我心灵的照妖镜 / 062
第四节　等等"敬畏教育" / 066
第五节　回归学习者的内在生命运动 / 071

第四章　如何与学生家长合作
第一节　鼓励家长要有勇气与老师沟通 / 077
第二节　提醒家长冷静地与老师交流 / 081
第三节　建议家长与老师的观念要保持一致 / 085
第四节　为家长创造自我成长的环境 / 089
第五节　教师家长齐行动，享受解决问题的乐趣 / 093

第五章　如何突破成长瓶颈
第一节　重新找回迷失的自己 / 099
第二节　"逼迫"我成长的人 / 104
第三节　经验变成果实现生命的蜕变 / 109
第四节　做一名成长中的中层干部 / 114
第五节　开拓教师"自专业"成长空间 / 119

第六章　如何提高教科研能力

　　第一节　读书与写作：教师生命运动的永恒轨迹 / 127

　　第二节　学校文化与教师研究相得益彰 / 133

　　第三节　提高自己的教科研能力离不开教研组团队文化 / 141

　　第四节　改革创新才有研究的灵感与机遇 / 148

　　第五节　步入自己研究的心灵之地 / 153

第七章　如何处理好同事关系

　　第一节　埋头苦干，虚心向学 / 165

　　第二节　超越功利，改善自我 / 170

　　第三节　心怀感恩，胸襟开阔 / 175

　　第四节　懂得宽容，敬畏他人 / 180

　　第五节　管好自己才能管好一切 / 184

第八章　如何走上名师之路

　　第一节　追求什么样的名师 / 191

　　第二节　学会知识管理 / 198

　　第三节　与什么样的人在一起很重要 / 202

　　第四节　为当教育家作准备 / 207

　　第五节　要有自己的教学主张与风格 / 213

后　记　成长是去寻找自己的可能 / 219

Preface 序

青年教师是学校变革的关键力量

新世纪以来的中国教育改革如火如荼,大到国家政策,小到一个教师的三尺讲台,到处都充满了改革的气息。大家似乎都在为中国教育的发展拼尽力气,而学校作为其中真正承上启下的改革场所,更是出现了一个又一个的改革典型。

尽管收获了很多经验,但我们的教育改革还是不尽如人意,真应了那句"革命尚未成功,同志仍需努力"的不断催人奋进的老话。

在制约中国教育改革的众多因素中,最重要的是人的问题。不管有多少想法,总是要人干的,如果没有足够的改革生力军,我们的改革肯定会举步维艰。所谓"理想很丰满,现实很骨感"。

我们当下的教师队伍,常见这几种形态:

老教师。这些教师确实已经沉淀了很多经验,这些宝贵的经验往往让他们在日常教育教学生活中应对自如。但正是这些经验,让他们也非常容易沉迷于"过去",凡是不符合"过去经验"的就常常被固执和草率地划为"不行""瞎搞"。这当然符合自然规律,人总是习惯在自己的经验圈圈里打转,能不断超越自我的人毕竟是少数。因此,改革肯定不应该是让老教师做主力，而应该发挥他们的优势，让他们凭借自己的经验，做保驾护航的工作。

壮年教师。这是一群已经工作了一定时间的教师，他们往往职业倦怠感明显，年轻时的激情已经消失，年老时的不惑还没有到来，好像被定在了十字路口，既可以往左走，又可以往右走。那么到底往哪走呢？这个群体，拥有惊人的力量，但是却存在一定的迷茫。他们中的大多数需要被重新激发和唤醒，为教育的理想而奋斗。

最后一类是新教师、青年教师。他们充满了职业和人生的稚嫩，急需磨炼，但也充满了年轻的激情和改变世界的理想。他们急需有人给予引导和帮助，有师父"领进门"，有学校提供舞台。

特级教师李志欣校长的《优秀教师的自我修炼》就是这样一个"纸上的师父"。这是一本特别接地气儿的书，李志欣老师从乡村教师变为北京校长，从普通教师变为全国知名教师，想必心里充满了怎么做一名优秀教师的心得体会，而这些一步步走来的心得体会就汇聚成了这么一本沉甸甸的书。

这本书对于教师来说，可以踏踏实实地学习怎么去做一名优秀的教师，而对于学校管理者、校长来说，则可以像变魔术一样，变"手中无人"为"人手十足"——把青年教师这个学校变革的"最大变量"发动起来，把观望的中间教师变成往前走的中坚力量，把不愿做的老教师变成护航者。于是，学校变革就有了一支能征善战的队伍……

李老师的这本书从八个方面对优秀教师的"修炼"作出了总结：

（1）如何缩短新手期。新手期其实也是危险期，因为如果培养不好，一不小心青年教师就成了"夹生饭"。年轻教师总是满怀信心，充满热情，认真备课、认真分析学情，根据学生的实际拟订教学计划，一丝不苟地实施教学内容。但是，他们也容易在教育教学过程中栽跟头。怎样让新手教师迅速地告别稚嫩，熟练地掌握优秀教师的基本技巧，这非常重要，因为"好的开始是成功的一半"！

（2）如何快速提高教学能力。一个好的教师要对所教学科知识结构清晰、认知完整，不仅要有很强的学生意识，关注学生的学习过程、学习障碍，还要懂得学生认知、心理、情感的发展规律……

（3）如何保持融洽的师生关系。学生最重要的是要被唤醒和激励，无论在教师的育人管理还是课堂教学中，激励都有其特定的价值。有学者曾经说过："教师是教育激励的主要实施者，他们是学生接触最多、对学生影响最大的教育者，因此，教师对学生的激励至关重要，必须引起高度重视。"随着社会信息化和价值的多元化发展，教师的教育激励已经成为时代发展的强烈诉求和推动学生成长的重要动力。在目前的教育认知中，激励已经不仅仅是一种外在的教育手段，更已成为教师人格的重要特质。

（4）如何与学生家长合作。教育的大部分是言传身教，关键在家庭教育。如果能抓住家庭教育这根线，很多时候学校教育可以起到事半功倍的奇效。所以，作为一名教育者怎么去调动家长的力量，也就成了优秀教师的必备功课。苏霍姆林斯基就曾经说过："教育的效果取决于学校和家庭教育影响的一致性，如果没有这种一致性，那么学校的教学和教育过程就像纸做的房子一样倒塌下来。"

（5）如何突破成长瓶颈。教师发展总是有各种各样的阶段，有各种各样的困惑。青云直上的发展方式毕竟少见，大部分教师的发展属于螺旋式上升。我们要关注的是，让"原地打转"式的迷茫尽可能缩短，让成长发展的迷雾消散得更快。

（6）如何提高教科研能力。对国家来说，科技是第一生产力。对教育来说，教科研就是第一推动力。没有"发动机"的教育很快就会沦为一潭死水、臭水。所以，我们如果不重视从最基层培养教科研习惯和精神，不让教师具备教科研能力，教育就不可能真正搞好。

（7）如何处理好同事关系。朝夕相处的同事是重要的工作环境因子，人是群体动物，没有一个好的人际工作环境，好的工作状态也就无从谈起。因此，如何正确看待和处理好同事关系就变得非常重要了。

（8）如何走上名师之路。干一行，爱一行。一个人既然选择了做教育，做教师，就要把这份工作做好，就要追求不断影响更多人，就要树立不断自我超越的精神。

八个方面，几十个具体策略，我仍然想强调这是一本接地气儿的书。如果青年教师有机缘读到这一本书，一定是一种"美好的相遇"！

徐启建

《中国教育报·校长周刊》原主编

第一章
如何缩短新手期

自我修炼要点：

1. 要认一个师父

2. 主动订阅专业报刊与书籍

3. 积极参加各级业务比赛活动

4. 努力争取外出学习的机会

5. 跟名师名家学做老师

本章导读

新手老师刚从大学毕业，满怀热情，有的是精力，大都谦虚好学、积极向上。但是，经过一段时期的具体实践，诸多苦恼会接踵而至，比如备课时不会设计教学目标和学习目标、对课程标准和教材重难点把握不准、问题设计缺乏思维深度、课堂上过多关注教学内容而来不及关注到每一个学生、不能做到依据学生暴露的问题而及时调整课堂、有些学生故意在课堂上捣乱而自己没有好办法制止、不少学生总是拖拖拉拉完不成作业、检测成绩总比老教师教的班差、有些家长不信任自己的做法，等等。于是怀疑自己的能力，心情变得极度郁闷，心理压力变得极其巨大。此时，希望自己快速改变现状，能够有更好的方法来帮助自己缩短成长的时间，尽快成为一名相对成熟的合格教师的欲望日益强烈。

如果新手教师明白了专业成长初期的主要途径和主要标志，便可以明晰自己的成长发展方向，然后有的放矢地寻找适合自己的成长措施，而不至于在成长的道路上迷失方向，走了弯路，导致自己的一些付出很低效，甚至无效，延误了自己的成长速度。

说句实话，抓不住专业成长的关键期，会严重滞缓自身的发展。一个新手教师如果抓住了工作头三年的时间，会更容易步入优秀教师的行列，直至成为一名卓越型教师。

第一节　要认一个师父

进入学校开始工作后，学校的各种事情自己都不熟悉，如果仅靠自己努力，有时会走一些弯路，进步会慢一些。这时，你可以主动找一个平行班或同年级的有经验的骨干教师或老教师作为自己的成长伙伴。在征得这位老师的同意后，你们之间可以建立起师徒关系。这是学校没有"师带徒"活动的情况下，需要自己自觉去争取的。如果学校很重视对年轻人的培养，组织一些"师带徒"方面的活动，如"青蓝工程""领雁工程"等，你必须珍惜这样的机会，珍惜与师父相伴的每一个日子。

对于新手教师来说，经常听课评课、积极上公开课、认真参加集体备课、与老教师多交流等方式，对自己的快速成长非常有利。我刚刚走上教师岗位时 22 岁，天天有事没事跟在师父的身后，主动帮助他干些活，如批阅作业、倒水、擦桌子、印试卷等，课余时间就与师父并肩行走在校园里互相交流。这时，师父会把自己失败的经历和成功的经验毫无保留地分享给我，他的鼓励化为我教学的勇气，他的经验不断地与我的实践相碰撞，督促我不断调整教与学的态度与方式。我还主动请求，希望先听师父的一节课，再上自己的课。同时，经常邀请师父听我的课，为我提出一些意见和建议。就这样一坚持就是一年，感觉自己进步飞快，尤其是感觉比其他新教师进步得快一些。

我跟着师父一起参加学校和上一级的各种活动，如集体备课、说课、评课、作业改革、读书论坛等，均感觉受益很大。师父也因有我这样一个勤快而好学的徒弟而感到骄傲，有时他会请我吃饭，让我与他的朋友一起交流，并会在学校领导面前介绍我的虚心向上和进步。我觉得这是对我的最大奖赏，同事和领导对我的认可进一步激励了我快速成长的信念，我起早贪黑地在办公室里加班加点，不知疲倦地天天往班里跑，随时随处反复揣摩我的备课方案，努力改进自己的授课观念和方式，改善自己与学生的关系，思考越来越有深度，心里越来越亮堂。除前两三次自己的教学成绩不如其他教师好以外，之后的成绩与老教师不相上下。

如果你当班主任，最好再找一个骨干班主任做自己的班主任师父，跟着他学习班级管理的经验。对于新教师来说，管理课堂和学生是最重要也是最难的事情。一个教师有做班主任的经历，会更容易探寻到教育的本质和管理的学问，享受完整的教育幸福。

再说一下我做校长后，是怎样来关心和引领新手教师成长的，这也许会对大家有所启发。

暑假期间，我针对新教师安排了三次培训活动：前两次培训活动，各邀一位入职已经五六年的年轻教师现身说法，向新教师分享自己成长的经历和经验；第三次培训活动，安排学校干部和骨干教师，从学校文化、制度，到教学、课程、评价等方面进行全方位分享，以便于新教师尽快融入新团队，熟悉学校的办学理念，尽快进入角色。我也以自己的成长经历为例，跟新教师分享成长中的苦与乐，与他们交流自主成长的重要性，以及如何尽快走上快速专业成长的道路。

开学后，我为他们找到适合的一两个师父，并组织了隆重的拜师礼，要求他们与师父一起备课，听完师父的课再上自己的课，与师父共同参与一些有效的活动，如师父走进徒弟课堂、师徒共晒教学案、师徒同课异构、师徒同写教学反思等。学校会把师徒捆绑在一起进行评价。我还动员新手老师，组建一个学习共同体，我们起名为"未来教师成长联盟"，每两周汇聚一次，学习活动分三个板块：读书分享、共叙困惑、寻找策略。我请求部分干部或骨干教师参与其中，为他们解惑释难，以实现及时解决问题，共同分享学习的目的。

我把"未来教师成长联盟"的三年培养计划制订如下，目的是培养未来的"青年教师领袖"。

"青年教师领袖"三年成长计划（2017—2020）行动方案

一、战略规划

1. 着眼于未来教育、未来学校和未来教师角色，致力于培养具备多元素养、领袖气质以及可持续发展能力的新型教师。

2. 从职业规划入手，引导和帮助青年教师走上自主的专业成长之路，成为善于运用理念、方法和工具的学习专家和学生成长设计师。

3. 结合学校发展规划，培育青年教师成长共同体、专业共同体，形成自主、自治的教师团队文化，为学校面向学习型组织的深度变革造就人才优势，并探索具体路径。

二、专家团队

（略）

三、目标与策略

（一）奠基阶段（2017.5—2018.5）

1. 规划制订

目标：制订个人职业生涯规划，确立"青年教师领袖"共同体宣言。

操作：专家与团队成员一对一深度沟通一次，帮助个人进行SWOT分析、梳理发展思路，并制订个人三年成长规划；了解大家对于共同体建设的具体意见，集思广益，确立团队行动公约和宣言，所有成员签字后发布；帮助每个成员选定一位成长楷模或导师。

2. 读书研讨

目标：培养专业阅读的兴趣和能力。

操作：在阅读教练的引导下，组建读书会，确立书单，制定读书公约和读书会流程，每个月读一本书、组织一次研讨交流；每本书配备一位阅读教练，借助微信交流群，形成常态化的互动交流；每个月的读书研讨会，阅读教练到场或线上参加。

3. 写作训练

目标：培养教育写作的兴趣和能力。

操作：在写作教练的指导下，开展工作日志、读书笔记、教育叙事、教学设计或反思等方面的写作训练和交流，每学期编写一本作品集；每个人每年至少在正式报刊或网站公开发表一篇作品；鼓励和引导个人或小组进行小课题研究，并撰写研究报告。

4. 教学改进

目标：所有成员有意识地改进课堂教学，拿出新型课例。

操作：每个成员每学期上公开课一次，一名专家和若干团队成员听评课；每个学期进行一次课堂教学总结研讨，人人展示并发言，专家和成员点评。

(二) 提升阶段（2018.5—2019.5）

5. 项目管理

目标：个人或小组选取学校管理工作或教育教学的某个问题或任务，向学校申请立项。

操作：通过项目制的办法，鼓励青年教师锁定某个教育问题或承担某项工作任务，锻炼其作为项目负责人的策划、组织、协调以及解决问题的能力；学校根据项目开展情况和效果，予以适当支持和鼓励。

6. 学术引领

目标：培养青年教师具备较好的学术思维和素养。

操作：鼓励和引导所有成员把日常工作和学术研究结合起来；每年组织一场学术年会，所有成员提交一份研究报告或学术论文，专家指导点评；推选优秀者作学术报告；组建青年教师学术委员会，在专家指引下，申报各级课题。

7. 课程建设

目标：通过课程整合和开发，培育课程领导力。

操作：个人或小组确立一个课程目标，或针对某学科提出课程整合的思路和办法，或确立某个主题进行校本课程开发的构思和尝试；每个成员在实际操作中掌握课程整合或开发的大体原则和方法。

(三) 成就阶段（2019.5—2020.5）

8. 思想提升

目标：形成较为明确的教育主张，并能够系统阐述。

操作：总结形成个人的教育主张，能用一场演讲、一篇文章阐述自己的教育主张,并且成功应对各种质疑。

9. 交流拓展

目标:初步具备专家的实力和影响力。

操作:在集团或区域内形成一定的知名度;受邀或接受委派外出展示交流,到其他地区和学校指导某方面的工作。

10. 资格获得

目标:通过答辩获得学校"青年教师领袖"称号。

操作:每年年底进行一次评估,自评和同伴评相结合。三年结束时,所有成员需参加导师团队的答辩,通过后授予"青年教师领袖"证书。

当然,这个培养计划看起来有一定的难度,但这正体现了学校引领新教师专业成长的决心,表示出对青年教师业务发展的关心,指明了教师快速高效成长的路径与策略。从这个培养计划看,学校正在为这些新教师搭建梯级式的成长平台,寻找更高层次和多种领域的师父。当然,在第一个三年里,如果有些目标达不到,可以继续循环参与活动,有针对性地提升。随着自己阅历的增加和交往面的拓宽,也可以自己去寻找高层次的师父,但这不是新手发展期最重要的事情。认师父当从身边的老师开始,千万不要好高骛远。

第二节　主动订阅专业报刊与书籍

记得刚走上讲台时，感觉自己一片茫然，对备课、上课、布置作业、班级管理等工作没有方向感，缺乏标准，不知道其中的深浅。自以为在学校学了一点教育心理学，便开始大胆地对接与学生在一起的生活，但是，当时的学生并不买我的账，时常有学生以不同的方式向我发起挑战。其实他们是在观察一名新教师的能力底线，有时是在明目张胆地"欺负"我。与学生疏远了会不了解学情，走得太近了又怕失去权威，我经常处于左右为难的痛苦境地，希望抓住一根"救命稻草"，帮我解决一切难题。

学校为每位班主任订阅了两本杂志，一本是《山东教育》，一本是《山东教育科研》，这在20世纪90年代初已经是了不起的举动了。我每个月都急切地盼望着这两本杂志的到来，因为《山东教育》里有好多学科和班级管理案例，《山东教育科研》里则有一些偏理论的文章，它们能帮我解释一些问题的背景、成因与原理。就这样，每期杂志我都认真阅读，一年下来就是24本，借助它们，我不断反思自己的教育教学行为，不断创新我的教学方法和班级管理策略，各项工作都走在了年级的前列，很多同事都夸我有创新，有想法。

后来我知道，学校还给各个学科的教研组长们订阅了学科专业杂志，我就向英语教研组长借来阅读，这本杂志叫《中小学外语》。当时，学校里的大多数教师是不愿意阅读杂志的，于是我就有了充足的阅读时间。这本杂志一直伴随了我好几年，我的英语教学能力提高得很快。第一次参加全县的优质课评选我就得了一等奖，第一次参加论文评选我就获得了全市二等奖，在一所偏僻的农村学校，这算是轰动性事件。我的变化，深深地影响到学生，学生变得非常配合我的工作。

之后的每一年，我都自费订阅两本以上的专业杂志和一两种教育类报纸。比如，我订阅过《中小学英语教学与研究》《教学与管理》《教师博览》《班主任之友》《上海教育》等杂志。做了校长，我仍然热衷于订购和阅读杂志，到现在为止，我继续订阅着《教师博览》，还坚持订阅《人民教育》和《中小学管理》等杂志。报纸方面，我订阅过《山东教育报》《教育时报》《现代教育报》《中国教育报》和《中国教师报》等。

我认为，这些优秀的报刊，汇聚了全国各地优秀教师和专家的实践经验与改革成果，有很多可供自己借鉴的教育教学资源，并且这些经验和资源大都是最新的成果，便于吸纳与运用。采取众家之长，结合自身情况与当地实际，自然会生发出更加有效的方法和策略。

长期坚持阅读，使我对这些报刊非常熟悉，我明白它们的办刊（报）宗旨，懂得每一个栏目的用稿特点与要求。于是我就拿起笔、铺开稿纸写起了文章，大胆地向这些报刊投稿。刚开始得到的是一次次的退稿，或是石沉大海。但是我没有泄气，坚持写，经常拿着稿子请同事帮忙修改；坚持投，经常跑到邮局去投递或寻找回信。在1995年，终于有一篇文章《试论教师的读》在一本英语杂志上发表了。这给予我无比的信心与力量。这之后，前文我所列举的报刊，我都不止一次在上面发表过文章。

而这些行动，成就了我的教学和我的管理，我陆续获得了一项项荣誉，我步入了成长的快车道。我相信一句话："人只要努力就会有不期而遇的收获。"

从2007年3月我被任命为校长至今，我一直为学校的每位老师订阅适合他的专业杂志一至两本，鼓励老师认真阅读，将其作为自己教育教学与管理的工具或资源。我有时还把报刊作为奖品送给老师。在山东做校长时，学校老师在我的带动下，订阅的积极性都很高，大家也像我一样试着写点东西并大胆投稿。一所乡村学校，竟然有不少老师的文章出现在《人民教育》《教学与管理》《中国教师报》等报刊上，学校每年的教科研成果都名列全县第一。来北京工作后，我继续支持老师这样做，并组织了一些沙龙、论坛等活动，希望以此促进教师喜欢阅读报刊、学会运用报刊。

另外，我还有个习惯，不管是在当地还是出差，我喜欢到书店去转转，一转就会被一些优秀的书籍吸引住，便不自觉地选择一些自己感兴趣的或与自己最近实践思考的内容相关的书籍抱回家，每天会挤时间如饥似渴地阅读。在我家，不仅仅是书橱里，沙发上、床头边、餐桌上等地方，都是我想要阅读的书，让书籍散落在不同位置，能方便我随时随地阅读。我一般在学校里以读报纸与网络文章为主，在家攻读教育名著和实际操作性强的专业书籍，出差时阅读杂文或小说。只要你心中想着教育，各种阅读都会与自己的工作产生联系，它们会转化为自己学习与工作的工具，使自己的思想越加丰富，自己的心灵更加丰盈，从而使自己的成绩一直保持领先。

我真诚地建议新手教师们，订阅几种专业报刊，经常购买一些与自己工作与生活相关的书籍，并坚持阅读，你的阅读会帮助你在教育与教学实践中变得游刃有余，快速提升自己的各种能力，使自己更有想法，更有创意。

当然了，在"互联网+"时代，年轻教师还可以坚持阅读网上的电子报刊或书籍，关注一些与自己的专业有关的微信公众号，来丰富自己的阅读量，寻找自己需要的方法和资源。

现在的年轻人是多么幸运啊，只要想阅读，新媒体能马上提供内容。我想跟大家分享我曾经写的一篇文章的片段，当然不仅仅是针对年轻人的。当你读完后，或许会有所启发，提醒自己作出正确选择，订阅或购买一些专业报刊和书籍。

看到有趣、漂亮、有价值的事物时，过去没有照相机或手机，我们会驻足观察欣赏一番。因为离开后，可能再也没有机会遇到它们。此时，往往容易发现它们原本的面貌，以及存在本身的美好。

而现在，当人们遇到美好的事物时，习惯立即把它们拍下来，希望在闲暇时专门欣赏，但大部分人再也没有打开相册去欣赏过，理由自然是以后有的是时间。

同时，因为忙于拍照，便无暇去思考和感悟引发我们拍照的原因与意义。外在的浮华与美丽、方便与快捷正在奴役着我们。

最近，我不自觉地养成了一种习惯：发现微信群朋友圈里有好文章，不管今后是否有深刻的价值，都立即加入收藏。当然，唯一的目的是为了方便以后集中阅读，但是过后却始终找不到合适的时间，更因为收集的文章越来越多，有时间也看不过来了。

微时代带给我们的是一种表象的自由和丰富，太多的事物让我们忙于收藏，生怕他们丧失掉；太多的收藏让我们感到拥有，却耽误了阅读、欣赏、思考与想象。

虽然在当下时代我们可以选择微课程、群学习，也可以选择碎片化学习的方式，通过一些专业网站汲取营养，但我还是倾向于这样一种观点：作为一名刚入职的年轻老师，应在老教师的帮助下，找到几种适合自己专业发展的报刊来坚持阅读。俗话说"三个臭皮匠顶过一个诸葛亮"，来自全国各地优秀教师的教育观念、工作精神、实践经验、教学案例会让你脑洞大开。

第三节　积极参加各级业务比赛活动

当你进入真正的学校教育生活，可能会遇到来自教研组、学校，以及县区甚至省市的各种业务比赛，如优质课评选、论文评选、课例评选、教学能手比赛、骨干教师比赛、班主任主题班会课比赛等，也会遇到一些诸如公开课、研究课、说课、评课之类的活动。作为新手教师，要积极主动地参加这些活动，基于比赛案例进行反思，学习他人的优秀做法，发现自己的不足，弥补自己的短板和经验上的欠缺。这些活动是你快速成长的平台和养料。

我成长的信心就来自首次参加全县的优质课评选。那是刚毕业的第二年，记得得了个一等奖，这提振了我的自信心，我又参加了全市的优质课评选，这一次得了个二等奖。收获不仅仅是得了奖，更重要的是我的同事们在我试讲后一遍遍地给我提出修改的意见。我认为，这种同伴互助是使你逐步走向成熟，取得长足进步的重要支撑。

之后我又陆续参加了县、市和省一级的教学能手评选，并取得了成功。每一次讲课前，我都非常认真地准备，虚心听取同事们的意见和建议，一遍遍地试讲，一遍遍地修改，对着镜子、在操场上、睡觉前，我都会自言自语，准备我的课。

在准备山东省教学能手评选前，我提前一周到了讲课现场，那次是在山东省潍坊市广文中学参加的比赛。我在宾馆里进行了疯狂的准备工作，因为不知道具体讲什么课题，我就把整个教材每一个单元都进行了认真的思考，不知那时何处来的勇气和力量，三天时间，我把十篇课文全部背过，并进行了初步的课堂设计。我抽签的时间定在星期三晚上。等到星期三，我抽签后知道了自己的课题，并且知道是在星期五下午第一个讲，于是从星期三晚上到星期五上午，我展开了通宵达旦的备课行动，分析文本、设计方案、寻找教学素材与课程资源、做课件、制作一些学习辅助工具等。饿了时，便啃口面包，眼睛却盯着教案课件在反复试讲修改。后来，是同事反复催促我，先去睡几个小时的觉吧，否则星期五下午会没有精神讲课的。最后，我成功了，获得了山东省教学能手的称号，那年，我已经四十二岁了。

为了参加论文评比，我接到课题后，就开始四处寻找资料，那时没有几台电脑，更不知道还会有知网等平台可以帮助查询资料。写完后，我就拿着手抄的文章去找学校的同事帮助自己修改。我争取参加每一次的论文评选活动，每一次我都会有一定的收获，在查询资料、构思文章、修订文章的过程中，我慢慢体会到了撰写各种文章的方法与技巧。

不要怕自己没有基础、没有实力与其他有经验的老师一起参加比赛，贵在参与，没有参与，永远也学不会更好的本事，也永远不可能踏上更高的平台。

在我现在的学校，有一种经典的，也是大家熟悉的课例研究的行动，即同课异构。我会创造条件，让年轻老师之间，或与他们的师父，选定同一课题，各按自己的思路上课，年轻老师能够发现自己的不足、他人的亮点，会收到意想不到的启发。为了更大力度地推动这件事情，我还为他们创造条件与外校甚至外省市的学校的老师进行同课异构。参加活动的老师都非常重视，他们有时为了准备好一堂课，反复磨课三到四次，一个个方案和想法被推翻、被否定，有的老师都急得哭了，有的彻夜修订准备。这件事情是很逼人的，有很大的挑战性，但是他们完成任务后，都很高兴，都向我表示感谢，因为他们都获得了收获，赢得了成长。

在此，我向大家介绍一下我多年来关于课例研究的几种做法，它们对于我的专业成长帮助很大。

一、课堂实录研究

我喜欢阅读一些杂志或报纸上的课堂实录，并且有计划地进行收集整理，特别是那些有代表性的名师课堂的实录，不仅仅是我所教学的英语学科，其他学科的我也收集下来进行参考。我会把里面的一些案例、资源或方法整合到自己的教学设计中。在备课时，我会完整地阅读实录，认真思考里面的逻辑与理念，把他人的优秀做法变成我自己的做法。这个过程是很下功夫的备课过程，但是当看到我的学生因为我带来的与过去不同的新方法、新思想而露出惊奇的目光，处于兴趣盎然的学习状态时，我会变得异常轻松与兴奋。

二、微课题研究

当以整体的架构与流程为基础进行课例研究与实践一段时间后，自己的目光会自然锁定在一些相对比较微观的课堂环节上，也就是一些切入点较小且自己比较感兴趣或感觉比较薄弱的课堂问题。如研究课堂的情景导入、问题的设计与提出、课堂对话与倾听、学习方式的选择与操作、评价的方式与规则、预习与作业的设计等，甚至还可以研究更深入或更小的点，如目标的主体性研究、小组合作学习的有效性研究、作业分层设计研究、学生回答问题礼仪研究、课前候课研究、环节过渡语研究、范读研究等。

三、案例研究

对案例要学会鉴赏与分析，要看出案例背后的逻辑与理念，看出作者设计这个案例的价值取向与策略。不管这个案例是基于特色与优点，还是基于失败与缺点，都要从里面挖掘到它应有的意义，明晰作者之所以选择此案例的目的与价值。如果有专家点评更好，要好好领会专家提炼的思想与主张，这是理论与实践最直接、最明白的结合方式，它会让你获得意想不到的灵感。

四、主题研究

围绕一个主题，想方设法去收集各种材料，认真分析梳理，自己的想法会自然变成自己的看法。随着对每一次主题的梳理研究，你的学科素养与研究能力都会有不同程度的提升。如对学习目标的研究，从双基目标到三维目标再到基于核心素养的目标，我搜集了各种资料，进行了长期的研究，不仅对这三个历史时期的目标要求有了清晰的辨别与理解，还生成了自己的观点。我的课堂学习目标观有如下四个维度：一是行为主体——谁来学。是学习者而不是教师。二是行为表现——怎么学。可操作的具体行为如写出、列出、解答等，旨在说明"做什么"。三是行为条件——特定限制和范围。如根据参考书、按课文内容、不用笔算等，旨在说明"在什么条件下做"。四是表现程度——学到什么程度。如没有语法和拼写错误、百分之九十正确、三十分钟完成等，旨在说明"要多好"。

五、行动反思

不少老师认为，上完课后课程教学就已经终结了。其实不然，教师的专业水平分界线，往往就在这个"行动反思"上，就在课程教学过程中的这最后一公里。每次上完课，我都会撰写一段教后反思，或一两百字，或五六百字，或一两千字，这些反思性文字是我专业提升的佐证，更是下一步行动的催化剂，还是用于自己课题研究的鲜活资料。

我的这些经验，虽然算不上多么专业，却很实用。这是我开始从教至今在教育教学实践中悟出的经验，我想，对年轻人应该有一定的引导作用。我还要告诫年轻老师们，这些行动很吃功夫的，也会让你感觉很累，但是我认为，只要坚持做下去，奇迹就会在你的课堂里出现，你离优秀教师的距离就会越来越近。

现如今，信息技术发达，你在参加各种比赛活动时，可以进行录像或录音，可以在条件允许的情况下，购买课堂实录光盘，回来后进行再学习、再研究，并在自己的实际行动中进行探索尝试。

起码请记住这种方法——将学来的知识和方法在自己的课堂上再实施一遍，然后就彻底领悟了很多道理，自己此时的感觉是，又进步了一大截。

第四节　努力争取外出学习的机会

我刚开始工作时，因为学校经费比较紧张，学校给提供的外出学习机会很少，大家基本上都"蜗"在一个学校里数年如一日，思想保守，创新意识淡薄。自己的成长基本靠老教师的传帮带，有时能得到县区级教研部门的研究员的点评指导。

但是有一次，校长亲自找到我，说是县教育局英语教研员陈老师安排我到泰安，去参加观摩聆听全省英语优质课评选活动的课。我很兴奋，我记得那次全县就派了我们四个英语老师去，来自农村的只有我自己。我知道，这是英语教研员比较看好我，给了我进一步发展和成长的机会。这当然与我以前积极参加各种比赛活动是有关系的——引起了当地专家的关注。

那次我听得如饥似渴，每天连续听六到八节课，课后还与其他地区的老师展开积极的讨论。我们一共听了四天课，加起来就是近三十节课，这就更加夯实了我的课堂功底，丰盈了我的教学方法，改变了我的教学理念。我离骨干教师的水平越来越近了。

我与县教研员熟了，校长也因为我的好学上进比较赏识我，因此我的外出学习机会多了起来。有时我主动申请外出学习，学校不给报销经费，便自费前往。我参加读书论坛、参加班主任研讨会、参加教学改革现场会、参加名校考查活动等，我的视野越来越开阔，思想越来越活跃，创新改革意识迅速增强。

十几年来，我几乎走遍了山东省的每个地市，北京、上海、广东、重庆、辽宁、陕西、江西、浙江、江苏等很多省市也都留下我的足迹。长期的行走，让我读到了很多有价值的"书"，结识了很多有教育见地的"高人"，我知道了，做教育需要有教育情怀，需要有一颗行大道的善心。这就是我教育行走的最大收获，它让我越来越痴心于教育、奉献于教育、创造于教育、坚守于教育。

我必须感恩在山东工作时，那些为我提供学习机会的各级领导和专家，而我的勤奋工作与骄人业绩换来了他们对我的愈加厚爱。你越认真地、不计功利地工作，学习的机会会越多地来到你身边。山师大、华东师大、北师大、清华等高校，都是各级领导专门安排我前往学习的地方。我也感恩我的同事们，因为我外出，需要他们为我承担一部分工作；我还感恩我的家人，他们的默默支持成就了我的教育梦想，让我能够专心地学习。

我深知学习的重要性，尤其对于年轻老师，如果能在刚入职时就有机会参加一些业务方面的外出学习，这是很幸运的事情，千万不要因为这样那样的原因而不愿参加。即使学校没有提供多少机会，我也奉劝年轻的老师们，选择适合自己的学习项目，自行前去学习聆听。

我在山东和北京干校长时，会努力创造条件让老师走出去学习，参加多种方式的培训。在平时，我发现多数老师都能做到勤勤恳恳、兢兢业业，但是却不知道自己的成长目标到底是什么，在哪里，懒得读书，不愿意参加培训，认为它们作用不大。殊不知，如果一名教师停止了自我教育与自我学习，那么，将永远不会知晓自己真正的能力和潜力所在，也就无法知道自己是什么样的人，自己这一生能够获得什么样的成就。

我经常对青年教师说："万事万物都肯定有一两个值得我们学习的优点。只要你有一颗坦率的心，一定会看得到事物的优点，然后以此为契机，去读一本书，去倾听他人的经验，或者当场启程前往某个地方，让自己更深入地学习，长久下来气度就会增长，格局就会提升。"

当然，外出学习到的经验需要回来进行尝试，以指导自己的实践创新与教学改革。但是往往会有这样一种现象：多数年轻教师在学习的现场热情高涨，下定决心回去也要如名师一样，把他们的经验付诸行动，立志做一名名师。但是学习完成回来后，却激动一阵子，又懒散下来。他们不断地被激动，又不断地流于庸俗，结果多年下来，仍然裹足不前。

我是怎么做的呢？我习惯用一个招数，就是喜欢把学习的心得体会写下来，每一次学习，我都会这样做。有时在学习后的当天晚上就在所住的宾馆里草就，有时回家后在晚上专心撰写。多年下来，学习心得也写了不下十几万字了。这样一来，我学习的一些经验和理念就会内化为我自己的知识，这些知识与我的实践会发生碰撞，而碰撞出的火花即是我的创新成果。

我建了自己的博客，博客名为"志存心诚"。随着信息技术的发展，现如今我有了自己的微信公众号，名为"零作业下教学实践研究"，我还写"简书"。这是我发表作品的地方，很多志同道合者每天阅读我的文章，给我一些鼓励和评价，激励着我进一步坚持创作。这些志同道合者不乏报刊编辑，他们看到好的适合他们的文章会通知我并采用。

人人是个中心，只要你愿意学习、善于学习，你就会吸引更多的人来帮助你、支持你，你个人的专业成长会越来越顺利。

比如我的同事刘勇老师，我曾经派他外出参加了一次培训学习，他学习回来后撰写了一篇学习心得，我想拿来与大家分享一下。我相信，当您阅读这篇心得时，会感觉到这位有幸得到机会外出学习的老师的内心是多么的喜悦，名师们的教育思想与独特的教育实践经验触发了他教学改革与创新的信心与决心。这就是外出学习所带来的神奇效应，正所谓"读万卷书，行万里路"。

金色的秋天，天高云淡；收获的季节，神清气爽。迎着清爽的秋风，带着心中的期冀，我来到了闻名的风筝之都——潍坊，有幸参加了《小学语文教师》编辑部主办的全国第四届中华经典诗文诵读研讨大会暨"第二届新经典诵读节"。短短的三天，耳闻目睹中，亲身感受着"经典"的魅力，专家的报告如醍醐灌顶，让我耳目一新；名家的课堂如沐浴春风，使我受益匪浅。心潮澎湃后，我开始反思自己的课堂、自己的教学，如何通过开满鲜花的经典之路，也让我的学生沐浴到经典文化的馨香。

俗话说"腹有诗书气自华"，几位大家的报告无不彰显出渊博的学识，儒者风范的陶继新老师，才华横溢的肖川教授，才高意广的李振村主编，妙语连珠的窦桂梅老师、常丽华老师、陈琴老师，他们的精彩报告，给听者留下了极深的印象。更值得一提的是窦桂梅、常丽华和陈琴老师都曾经是普通的一线老师，他们的成功都是靠着自己辛勤的探究和不懈的努力，他们在读书中不断反思升华，在经典文化的浸润下彰显儒者的魅力与气质。

李振村老师说，没有诵读，使我们远离大师。上个世纪三四十年代的中国，和今天安定和谐富足的社会形势相比，动荡、混乱、贫穷……然而在这样的背景下却诞生了一大批大师级的人物！鲁迅、胡适、蔡元培、郭沫若、陶行知等璨若星河，这些大师的成长，正是得益于五四时期中西文化的碰撞与融合，得益于三四十年代开放包容的社会和文化背景。在这样的时代背景下这些大师大多接受过严格的传统的私塾教育，在少年儿童时期强记背诵了大量的经典著作，从而打下了宽厚的传统文化根基；他们大多又在青年时期远渡重洋，到西方接受了先进文明的熏陶：传统文化与西方文明思想的交融，使一批大家应运而生。

现在我们的课程改革如火如荼，然而急功近利的课堂仍然离不开分数魔棒，分数几乎成了教育的灵魂。我们的教师整日拿着那本薄薄的教材，讲了一遍又一遍。钻研题型，把握出题动向，是我们教师钻研教材、钻研课标的目的，也是我们组织教研活动的目的。我们的教师真正读过几本教育名著，真正能吟诵出几首（篇）经典诗文，这可能是一个很容易统计的数字。老师如此，那么学生就无需再问了，除了琳琅满目的教辅资料，就是形色各异的作文选，仅此而已，读书的时间寥寥无几，大多时间是做题，做题，再做题。读着学生干涩别扭的文字，我曾经羞愧过，这是我教的学生？我曾经彷徨过，我的教学怎么了？

听了李振村主编的报告，我豁然开朗，面对迷人的月亮，我们一般的人只能看到那是月亮而已，然而受过经典文化浸润的人却能思绪万千，心潮澎湃，有一吐为快的惬意。陈琴老师在报告中提到一个例子：假期一行人去滕王阁游玩，返回后多人说景色也不过若此，如果这些人吟诵过王勃的《滕王阁序》，也许就会别有一番洞天了。

从此时起，我就开始不断地思考：如何让经典的月光，照到我和学生们的身上？如何让那经典的月亮，停泊在我心的中央？从现在起，我要努力！

该老师学习归来后，开始了"黄河文化"课程的研发与实践。有关黄河口的民俗传说、诗词歌赋、歌谣谚语等，刘老师都渗透到课堂上，渗透到学生的生活中。除此之外，刘老师还有这样的思考：黄河口文化还包含着丰富的"石油文化""海洋文化""生态文化"等。如果把这些文化通过恰当的渠道渗透到我们的教育教学中来，我们的课堂、我们的学习生活一定会变得更加丰富多彩，活泼可爱。

年轻的老师们，你们看，一次外出学习，唤起了刘老师的课程改革之梦，从此，他走上了成长的蜕变之旅。参加业务活动、外出学习，可以检验自己的观点和逻辑，结交志同道合者，渐而形成成长共同体，甚至行动团队，营造相互激荡的学习、思考和成长氛围。

成长不易，没有捷径。困难就是资源，抓住了困难就是抓住了成长、成功的资源。只要你有伟大、美好的梦想，注重内求智慧和境界而非外求，善于创造并积累超常的经历和体验，你一定会实现快速成长。

第五节　跟名师名家学做老师

牛顿有一句名言："如果说我比别人看得更远些，那是因为我站在了巨人的肩上。"我信奉这句话。我是一名典型的来自农村的教师，我的成长离不开名家与名师的指引。我有一个习惯：喜欢"偷偷"向一些优秀的教师学艺。记得刚毕业时，我经常走进学校骨干教师的课堂里听课，学习他们的特长与妙招，虚心听取他们的建议与批评，对照自己的行为进行反思。直到现在，我一直乐于泡在老师们的课堂里。在课堂里，我的内心感到无比的安静与充实，因为我时常能享受到向他人学习的快乐。

我从学习学校里的名师开始，逐步扩展到外校、全县、全市、全省，直到全国，甚至后来还有幸听到了国外一些名师的讲座。我模仿他们的声音、动作、方法、理念等，多种观念与策略融进了我的大脑之中，然后经过整合、联系、取舍构成自己的想法与实践。我感觉，如果我不再创造机会去向那些名师与名家学习，就好像丢了灵魂一样，感觉自己停止了进步。

记得有一次，我一连听了十几位全省名师的课，回来后就进行模仿，但是其中一位名师一堂课的内容，我用了两节课还没有上完，我陷入了沉思，感觉到了差距。除去积极创造条件聆听一些名师名家的课堂教学或讲座之外，我还会购买或借阅一些名师名家课堂实录或讲座的视频光盘。2010年全国初中英语课堂大赛一等奖获得者的课堂实录，我在电脑里看了近十遍，从中我悟出了很多道理。

我还喜欢结交一些名师名家，这种结交，有时是当面交流，有时是与其文字进行交流。即使与他们在一起闲聊，我也会从中学到很多东西。我明白，名师名家的教学、课程与教育理念，一定与他们的为人处世风格有关系，从他们的言谈举止中，我懂得了教育的真谛与教学的艺术，感受到了他们的教育情怀与担当精神。比如李吉林老师的"情境教育"、王立华老师的"教师自主成长"、崔成林老师的"思维碰撞课堂"、赵桂霞老师的"适才教育"、王崧舟老师的"诗意语文"、葛文山老师的"英语原点教学"等等，他们都给了我无穷的力量与行动的智慧。

做了校长后，我深知名师名家的点拨对教师的必要性和重要性，我经常邀请一些名师名家走进学校作讲座、授课，甚至与老师们一起进行同课异构，为老师们指点迷津。比如，我曾经邀请一些名师与我校教师进行集体备课，首先由我校老师上研究课，名师进行点评指导，然后再进行第二次集体备课，名师与我校老师同上一节课。让老师零距离观看名师的风采，品味名师的智言，聆听名师的教诲。

对于年轻教师，我则创造条件，向他们引见名师名家，鼓励他们向名师名家拜师学艺。

下面我讲述一个如何引见我的一个学生亲近名师，向名师学做老师的故事。

一次同学聚会，我被邀请入场，遇见我的一个学生，她叫赵葵美，已经是一名高中语文老师了。她对我说："我三年的教师生活，可以用'疲于奔命，焦头烂额'来形容。以'一切为了高考，一切为了分数'为口号的高中生活，使我认为能提高学生成绩的老师就是好老师，能教出较多优秀分数的老师就是优秀老师，老师的追求就是'蜡炬成灰泪始干'，就是千方百计教出高分学生。我喜欢当老师，但不喜欢这样的生活，如果有更好的机会，我就会毫不犹豫地离开，就像考研、考公务员离开的同事一样。"

听后我与她交换了看法，提醒她不要死教书，不能仅把自己的视野局限在课本上，要走出课本，多读书，经常反思自己的教学行为，勇于通过各种途径和名家交流，争取做一个有思想的教师。我还向她介绍了自己这些年来的工作生活与成长经历。

聚会结束后的当天晚上，我接到了赵葵美的一个电话："李老师，听了您的话,我心里触动非常大。回到家,打开电脑,在百度里输入'零作业'三个字,网页上出现大量关于您倡导的教育改革的文章。读着一篇篇的报道文章,我更加敬佩您了。想想您教我们那会儿,也像我现在一样毕业没多久,可您现在已经成为远近闻名的教育改革家,这也许就是您所说的做一个有思想的教师所带来的结果吧。我想您一定是把教师这个职业当作自己毕生的事业在经营。我扪心自问,作为一名教师,我真的合格吗?难道教师对于我仅是个混饭吃的职业吗?"

我知道,葵美没有找到自己成长的目标与路径,她需要一个名师来引领与激励。记得是在 2008 年 6 月的一天,山东泰安的名师孙明霞老师要来她所工作的地方的一个学校作讲座,我知道后就想给葵美引见一下。晚上八点多钟,在小粥仙酒店,葵美见到了孙老师。

我们边吃饭边聊天,孙老师问葵美的工作情况,但是葵美告诉孙老师她每天的工作时间非常紧,几乎没有自我学习的时间。此时孙老师毫不客气地指出:"时间紧并不是所有问题的借口,时间就像海绵里的水,只要挤,总会有的。很多时候只是自己没有严格要求自己,懒得动而已。"我们还谈到了"生命化教育",谈到了"生命化教育"的倡导者张文质老师。

葵美静静地听着,因为她以前每天所听、所说的无非分数、成绩、作业、考试等词汇,哪有机会接触到这些先进的教学思想、教育理念。葵美对我说:"李老师,我的心伴随着你们的言谈也跟着明亮起来了,原来教育除了教给学生知识,用智慧启迪智慧外,还有更高的境界:用生命润泽生命。"

最后孙老师建议她读一些教育名家的著作,并提议她给孩子写日记。这样不仅可以通过记录孩子的趣事言行提高自己的写作兴趣,还可以促使自己更仔细地观察孩子,与孩子培养感情,做好孩子的表率。临走时,孙老师还把自己的博客名"生命的色彩"告诉葵美,希望她们在博客上交流。

之后,我从葵美的博客文章中知道,回家后她在淘宝上查找有关生命化教育的书,购买了陶继新老师的《做一个幸福的教师》和张文质老师的《生命化教育的责任和梦想》两本书,她如获至宝。仔细读后她发现,教育原来还有有别于现在的另一番样子,老师也可以活得丰富多彩,幸福"悠闲"。

葵美成了孙老师"生命的色彩"里的常客,读孙老师的博客成了她生活的一部分。葵美真的是一个上进、勤奋的老师,并且真的开始建立自己的博客,开始书写自己的生活和育儿日记。

她的一篇博文是这样写的:"越读越发现自己的无知和浅薄,不管是孙老师的博文,还是其他老师的留言,所折射的思想是如此的深刻,见解是如此的独到,就我现在的水平不能望其项背。我暗自庆幸有李老师这样一位关注学生终身成长的老师,没有李老师的引导,我只会是一个认真负责的传播知识的工具,不会走进生命化教育的广阔天地。也许我在做一个真正合格的教师之路上只是个蹒跚学步的孩童,路程虽然遥远,但我已上路,正朝目标前行,而引我上路的,正是我的中学老师——李志欣,还有名师孙明霞老师。"

我经常发现并阅读赵葵美写的一些随笔,内容包括读书心得、育儿体验、教学感悟等。它们见证了赵葵美的成长行动。赵葵美在我的引荐下,认识了孙明霞老师,这引发了她重新建构自己教育生活的勇气,不仅改变了她的专业人生,更改变了她的育子理念,她下定决心与孩子一起成长。从此,她也开启了别样的高中教师生活,迎来了她幸福的人生路程。

可见,一位名师或名家的人生态度与生活方式会影响年轻教师的人生态度,打动他们的精神灵魂,促进他们的专业生活有一个彻底的转化。我认为,对于一名年轻教师,越早遇到这样一位与自己心心相印、志同道合的名师,越有利于自己的快速成长。

不仅仅是赵葵美,我还经常帮助我的同事,甚至帮助在某些学习活动中遇到的比较上进的年轻老师,引见适合他们的名师名家,为他们搭建快速成长的平台。一个关键的人物,也就是生命中遇到的那个愿意帮助自己的人,对自己的生命成长是多么的重要啊。

一名新手教师,要珍惜自己生命中所接触到的那些名师名家。就拿我成长的历程来说,也是接触了一些名师名家之后才唤醒了我成长的自信心,明晰了我的成长方向与目标。当然,我也会通过阅读一些名师名家的论著来与他们交朋友，向他们学习做老师的一些经验与道理，如我阅读了杜威、苏霍姆林斯基、陶行知、叶圣陶、魏书生、李希贵、陶继新、肖川、张文质、刘铁芳等名师名家的论著。他们都是我人生当中遇到的贵人。

年轻的老师们，你们会慢慢成为学校或教育领域的中坚力量，在你们成长的同时，需要看到属于自己的参照，以便获得进一步成长的动力。我真诚地希望你们修炼自身的耐心与谦逊，完善人际技能，去主动接触与自己心灵相通、业务相关的人。我们可以向前辈学习，向同事学习，向书本学习，但更要善于反思我们的学习，反思我们的教育对孩子们的影响，这样生命的成长才会鲜活起来。还要相信自己，当你充满虔诚地想学习、想成长时，你的努力与真诚一定会感动那些名师名家，他们甚至会主动来帮助你。

但无论处于什么样的成长阶段，我们始终是行走在教育的中点上，前方还有更长的路要走。

第二章
如何快速提高教学能力

自我修炼要点:

1. 备课隐藏着提高教学质量的全部秘密

2. 建构以问题为主体实现生命对话的教学

3. 在自主课堂上用好自主学习

4. 变革,教师教学生活的风向标

5. 从单一目标走向"全局性理解"

本章导读

上课，这是教师职业生涯中最经常也最重要的工作，教师职业的价值更多是在上课中得到体现的。一名教师，往往能从课堂上获得职业的自尊和自豪，感受到工作的重大意义，领悟到教育带来的伟大价值。

欲快速提高自己的教学能力，很显然，在课堂里摸爬滚打，是再实际不过的方法了。我认为，课堂是教师自我修炼的重要场域。

教师的智慧能引爆课堂的创造性。教师能创造令学生终生难忘的学习场景，让学生体验到思考的艰辛与愉悦，燃起学生探索大自然与科学奥秘的激情，使学生领悟到生活的意义和生命的价值。学生的行为特征与能力发展方向，在很大程度上关乎课堂教学的效果与质量，而课堂教学质量又关系着学生的精神品质的塑造、关键素养的培育与幸福指数的提升。

教师的教学水平是一个厚积而薄发的过程，课堂教学不只是一种简单的技术操作。教师只有拥有广阔的专业知识背景与宽容愉悦的生命底色，才能透视并了解教育的真相，才能理解课堂的本质，使自己的课堂教学充满智慧与活力。

有人说"课比天大"，就是要把自己所从事的职业当成自己人生中最大的事情。一名视课堂为生命的教师，他心目中有鲜活的生命的存在。当你心中有生命的存在，你就会把最重要的位置留给课堂，无比珍惜属于自己、孩子们的每一堂课，对每一堂课都会用智、用情、用心，全身心投入到这个师生共同的生命场，让课堂焕发出勃勃生机，放射出生命的熠熠光彩。

年轻教师的课堂是什么样子呢？我们不期望它能在一天或一年之间发生根本性变化，只希望老师们明确自己的课堂教学方向，敬畏自己的课堂教学价值，坚定地走自己的路。

第一节　备课隐藏着提高教学质量的全部秘密

年轻教师往往忙于学校或各级部门布置的一些琐碎事务，在备课上便显得时间不够用，用心较少，再加上自己对课程标准的理解、教材文本的解读、问题情境的设计、学生学习状况的了解等缺乏经验，有些老师只是粗略地准备了一下自己的教案，甚至是浏览一下将要教学的内容，便直接拿着课本或教辅材料，走向了自己的课堂。无疑，这样的课堂，显然是准备不够充分的。

具体到年轻教师的一节课，会发现有一些通病：一是老师的教学设计以教材内容为中心，教学目标单一，没有清晰的标准，缺乏操作性，不能够测量，过于强调知识与技能，过程与方法下功夫较少，情感态度与价值观则更为薄弱；二是教学方式方法运用死板，内容上的重难点不明确且机械重复、形式上的一问一答或一问齐答、效果上的教师简单性的评价多，内容方面的精选整合、联系生活的实际应用、针对个体的因材施教、多元互动的评价交流少；三是师生、生生深度对话缺乏，合作学习环节没有实效性，重讲轻学的现象严重；四是学生课堂学习机会差异悬殊，部分学生跟不上课堂进度，"浅表学习""虚假学习"现象多；五是课堂教学密度小、节奏慢、容量少、效果不理想；等等。这些低效、无效甚或负效的种种表现，造成了课堂出现许多不和谐的音符，课堂缺乏有效性，教学质量不够理想。

有些年轻教师的备课往往存在如下弊端：一是缺乏灵活性，教师主要备的是自己要讲的东西，不去认真研究课标、解读教材、分析学生；二是缺乏创造性，把备课变成了写教案，而不是运用多种课程资源、教学素材和学习工具，使自己的教案师本化，甚至生本化。

其实教材是重要的课程资源，也是施教的重要依据，但不是唯一的课程资源。教师完全可以因时、因地、因人对教材进行增删、取舍、简化、重组和创造，这样才能设计出好课。教师备课要源于教材，尊重教材，但必须跳出教材，才能创造性地使用教材。

教师这个行当是一项创造性的职业，创造源于备课，有了创造性的备课，才会创造性地驾驭课堂、创造性地指导学生，才会产生创造性的教学成果。

我认为，年轻教师应该在创造性地解读教材中弭除"本领恐慌"，以此为突破口，再多方关照教情、学情、课程资源、学习素材、学生评价等其他方面的备课行为。

我建议，教师在创造性地解读教材时，不要仅仅停留在课文文本层面上，过分地把精力放在解读习题和教辅材料上，而应该去很好地研究诸如"国家课程标准规定的目标在教材中是如何实施的""单元知识间的联系和内在逻辑关系""各个知识板块的起始点和发展方向""教材编者的意图""如何梳理知识思维图"，挖掘隐含在教材中的有用信息，掌握学科教学的规律，打通现有教材与学生生活的实际联结等。

教材是一个常研常新的知识文本和情智文本，备课是一个与实践相互对话、与生命相互对话并不断完整的真实的过程，它永远需要教师的拓展和充盈，需要教师的情感投入和智慧加入。作为年轻教师，应该主动地参与，潜下心来，精心研究，激发自己实施有效教学的自觉和智慧，以此激励自己的专业发展进入一个更高的境界。

鉴于以上认识，我曾经引领教师改造传统的备课方式。我认为，为年轻教师提供一个备课方式与理念引领的模板是有必要的，这样一来，教师对新的备课方式和理念的内化会比较容易上手。

过去要求教师按照教学目标、教学重难点、教学方法、教具准备、教学步骤、板书设计、布置作业这些项目备课；教学步骤要求教师必须写出每一个教学环节和师生双方的活动。那么如何改造呢？在学习借鉴他人成功做法的基础上，我与老师们按照新课程标准的要求，创造性地自主开发了三种学习载体，代替了过去传统的备课方式、教学方式和学生常规的课外生活方式。这三种载体是，"单元自主学习指导纲要""课堂学习指导纲要"和"双休日（节假日）生活指导纲要"。

一备"单元自主学习指导纲要"。主要是引领学生课前自主学习，以此对课堂教学形成重要的辅助。内容具体分为"教材分析、知识建构、背景知识、问题展台、学习评价"五个板块。它解决了教师平时课下向学生发放大量资料，布置各种形式的机械性、重复性书面作业的问题。

"单元自主学习指导纲要"不同于一般意义的课前预习。以前的课前预习，往往是让学生对将要学习的内容有所了解，更多的是接受现成的结论，甚至是变成了前置作业习题单；而"单元自主学习指导纲要"是以单元为单位，以研究的方式展开对将学内容的探讨，更多的是展示自己的想法和疑问。老师仅仅提供学习的纲领性内容，并提供学习方法和学习目标，让学生自主思维、寻找问题、自主评价。尤其是"背景知识"环节，为学生提供了丰富的课程资源。这就实现了课前学生真正地自主学习，课堂不再是知识学习的开始，而是学习的进一步延续与深化。

二备"课堂学习指导纲要"。遵循"以学定教"的教学法则，整体优化"目标定向、学生先学、合作探究、点拨拓展和反馈评价"（小学：课堂风向标、自主展示台、合作探究营、魔法炫秀场、七彩回音壁）五个环节，保障学生学习内容的当堂达标。

"课堂学习指导纲要"是根据前置自主学习情况、提供的背景材料或设置的活动、发现的问题，进行的可操作的学习行为设计，以此引导学生发现问题、呈现问题，然后在课堂上讨论交流、合作探究。其明线是学生学习的流程，暗线则是教师教学的流程。内容不仅有适合学生操作的"学习目标"，而且还提供了根据课程标准和学生学习实际而设计的学习资料、学习活动、学习问题和学习方法等。

"课堂学习指导纲要"体现的价值，一是重视学生的课前自主学习，课堂学习任务的实质是将"学习点"拆成思考的问题，不仅仅是知识梳理，更重要的是认知铺垫。二是实现学习赋权，创造条件让学生充分地展示，以便了解学习进展，暴露问题。课堂上的问题呈现也是一种学习，课堂上由学生主持学习活动。三是小组学习机制。学生之间能够合理分工及互助，小组间产生积极意义的竞争，绝不放弃任何一个学生。四是精神激励与自我管理。学生精神品质的提升、学生自我管理能力的形成等，表现得淋漓尽致。这样就实现了从"课堂教学"到"课堂学习"的转型。课堂基本要素显现为"前置性学习任务、诊断性预习梳理、关键性递进问题、针对性共同作业和生成性学习指导"。

三备"双休日（节假日）生活指导纲要"。以一周为单位，为学生提供丰富多彩的综合实践活动。要求教师为学生提供广泛的学习资源，并布置有益于孩子健康成长的实践活动，做好学生的生活指导，真正把时间、健康和能力还给孩子，让他们过一个既充实又轻松、有收获的双休日或节假日。这样，国家课程与实践活动有机结合，是一种新型的校本课程建设的尝试与探索。

在以上三个纲要的设计意图与实际操作中，可以看出我们把新课程改革期待的自主、合作、探究等学习方式巧妙地融合在了三个学习纲要中。三个纲要相互衔接，相互补充，实现了课内与课外的有效链接，教师因此有了课程开发的意识与智慧，开始用自己研发的课程上课，实现了国家课程的校本化。备课、上课等行为变成为研究与实验，教师不再是专家的依附者，而是拥有专业自主权的教育者、研究者。

第二节　建构以问题为主体实现生命对话的教学

记得学生时代，课堂留给我的印记主要有两种：一是教师的风格，如幽默、严谨、智慧、激情等；二是教师的素养，如写一手漂亮的毛笔字，说一口标准的普通话，会唱几段京剧等。对于教师的教学行为，课堂里发生的，尤其是生成的、共同关注的"问题"，却大都失去印象了。那时，每个教师的课堂教学基本都遵循如下流程：复习旧知→导入新课→讲授新知→巩固训练→布置作业。学生的学习行为不外乎被动听课、回答提问、做题背诵、完成作业等。从小学到中学，似乎没有多大的变化。

这其实就是典型的以"教师"为主体的课堂行为表现。这样的课堂，教师处于绝对权威地位，学生失去了主动和自主学习的权利与意愿。课堂不是以思维性"问题"为主线，而是跟着教师的讲授学习知识，听不明白的即是课堂"问题"。

好在过去以"教师"为主体的课堂行为的不足已被多数人认识到，于是新课堂行为应时而生。新课堂行为以学生学习与成果展示为主，甚至让学生走上讲台主持课堂教学，教师走下讲台做学生的帮助者。这样的课堂就是以"学生"为主体的课堂。

在大家纷纷推行以"学生"为主体的课堂改革时，我发现了一个普遍现象：为了尽快在全校落实以"学生"为主体的教学行为，学校往往"强迫"全体教师整齐划一地采用统一的教学方法、执行统一形式的教学方案等，控制教师的行为，目的是"逼迫"教师给予学生更多的自主学习时间，以此落实以"学生"为主体的要求。

对于这种要求全校所有教师在统一模式的框架下实施教学，我认为，也存在抹杀教师教学的鲜活个性，忽略教师应起的引导与影响作用的弊端。在这样的课堂上，学生就像驯兽师训练出来的动作程式化的动物。这样的课堂不是定位在"问题"这一主体上，而是定位在把课前或课后已经解决的问题拿到课堂上展示，为教而教，课堂因此缺失了育人功能和心灵呼应，无法生发它的本真价值和意义。

须知，过去是教师自发控制学生，现在是学校通过控制教师再控制学生，实际上，这样的以"教师"和"学生"为主体的课堂都不是心灵自由的课堂。一节真正的理想课堂应该是在平实自然的教学秩序中，学生在教与学的互动中，切实享受安全与舒意的求知氛围，更享有精神与智慧上的追求，兴趣上的保持，情感上的温暖。试想，这样的课堂效益能不高吗？

我越来越感受到，课堂中应该有第三种形式的主体在起作用。也许课堂既不应以"教师"为中心，也不应以"学生"为中心，在课堂上教师和学生应该同时专注于这一主体，从而自觉地内生一种新的课堂秩序。在这样的课堂上，教师不再依赖教材来维系教学，师生都在追求高品阶智力和精神愉悦感。教师不会通过控制学生思维来管理课堂，而要用专业魅力去牢牢抓住孩子们的好学之心。教师的"教"始终追随着学生的"学"、服务学生的"学"，师生共同沉浸在思想碰撞的极度兴奋中。那将是一种怎样的教学境界啊！

而我与教师一起进行的备课改革，正是基于上述思考，这在本章第一节中已有论述。将"学习点"拆成有思考价值的问题，实行学习赋权，通过学生不同的学习方式，不断暴露新问题。于是"问题"就成为课堂的主体，成为师生、生生思想碰撞的导火索。这样，伴随着"问题"这一主体的真实存在，课堂上老师可以当学生，学生可以当老师，彼此借助"问题"向对方表达自己的见解、展示自己的思维成果。

当然，无论是教师还是学生，在设计问题时，都应努力避免大量的机械训练，应关照知识的来龙去脉与相互联系，从而为独立思考和探究新问题创造机会。在这样的课堂上，学生不仅要自己去发现问题，生成精彩的观念，掌握其中的规律、性质和联系，还必须用语言独立地、清晰地表述自己探寻问题的过程与思路。

以"问题"为主体的课堂,"问题"会把学生引进一个比他们的经验和自我世界更宽广的世界。教师也不会被边缘化,教师的任务主要就是引发课堂主体,把自己的"知识与生活"与学生的已有经验巧妙对接。由是,教师和学生就能够直接进入彼此的思维系统与生命背景中。

写到这里,我回想起平时听教师讲课时的一种现象:学生在回答问题时生成了新的问题,诞生了精彩的观念,此时,我就迫不及待地期盼教师能把教学进度慢下来,给学生反思、辩论、展示的机会。但是,我又经常感到失望,教师要么没有注意到这稍纵即逝的问题,要么没有给学生尽情释放思维的空间,就转入下一个教学活动和任务了。

很显然这种现象预示着教师没有理解和把握"问题主体"课堂的本义与内涵。评课时与上课教师沟通,常常能听到这样的解释:没有注意到这些生成的问题和观念,怕停下来完不成教学任务,怕自己控制不了课堂,备课时没有准备这些问题,等等。

我认为,一节课最关键、最核心、最精彩的地方和价值就是不同的问题能生成、精彩的观念能诞生,就是教师和学生处理这些问题和观念的过程与智慧。

一堂课上得好不好,并不仅仅在于任务完成得如何,方法策略是否多样,学生配合得如何,课堂容量如何,还在于学生有没有生成问题的情景,有没有表达精彩观念的机会,有没有思维碰撞的机遇。

课堂真正有价值的学习资源不全是教师事先准备的材料,不全是教师期望学生说出的正确答案,也不全是学生识记的知识和那些所谓的秘诀和技巧,还有课堂上生成的问题和观念,批判性思维的培养与绽放。新课程改革倡导自主、合作和探究等学习方式,提倡培养批判性思维,培养创新能力和综合实践能力,无疑是正确的。

因此,我认为想要实现好"问题主体"的课堂,首先要引导教师始终鼓励学生运用批判性、创造性、多元性的思维去进行质疑,鼓励学生在学习过程中提出问题、大胆假设、探求合理性。教师需要从常规思维转向反思性和批判性,宽容学生的错误,把课堂上的错误当作教学的重要资源,不去控制学生。要求学生学会做自己思维的主人,不畏权威、不受束缚,努力创造自己的理性的、恰当的思维秩序。

说到此,我油然而生一些诉求:我们需要摒弃匆忙的行走习惯而返回到学生内心,邀请学生检验自己的生活;需要直面生命个性并关照学生的真实兴趣和情感;需要创造机会让学生生成观念、敢于质疑,构建自己的立场;需要尊重和欣赏学生的选择和幼稚,把错误作为教育资源和真正学习的起点;需要把自己的学科加以拓展,跨学科整合课程,为学生提供更有意义、更有价值的学习。

从以上分析中可以看出,"问题"为主体实现生命对话的课堂是今后教学改革的必然趋势,有利于课堂具备"思维与对话"的内在品质。我希望年轻老师们好好关注这种观点,让"问题、思维、对话"成为课堂教学的主要元素。如此,我们才能去真正获知和理解学生的学习,最大程度地促进学生的学习,让课堂上思维可见,学习真正发生。

第三节　在自主课堂上用好自主学习

不管他人是支持还是反对我的观点，我一直认为，课堂上的学习是以学生自主学习为主的。我不提倡整堂课上充满以小组为单位展示学习为主的所谓"合作学习"，即使需要这么做，也应该是建立在课前自主学习或课上自主学习与思考的基础之上。因此，想提高自己的课堂效率，务必研究与探索自主学习的奥秘。之所以有此观点，也是源于当下对自主学习的一些误解与低效的实施。下面，我根据多年来自己的实践体会，谈谈对自主学习的理解。

自主学习具有主动性。当学生对学习产生了浓厚兴趣，体验到学习这一脑力劳动给他带来的愉悦与享受，学习活动便不再是一种负担，自主学习就容易在学生身上发生。我在平时的教学中，喜欢把学习的一些权利交给学生。比如，我一般不领读，一是因为我的口语不好，二是因为我想给学生更多的训练机会，我会请那些口语好的同学代替我领读。我也一般不讲解问题，当试卷批阅完发给学生时，我会请学生首先讲解，甚至让他们尽情地辩论。我认为这样会让学生充分认识到学习是自己的事情，是一种义务和责任，由此学生会产生对学习的积极态度和敬业精神。这种情感驱动下的学习才是一种真正有效的自主学习。

自主学习需要尊重差异性。每个学生都是一个独立的生命个体，他们天生都有一种展示和表现自己独立学习能力的欲望。但是，当下不少学校不给学生自习时间，不少教师包办代替严重，导致学生的学习缺乏逐步独立的过程。同时，面向全体学生一刀裁式的教学方式，忽略了学生的个性，不能做到尊重差异，也影响了自主学习的独立性。

自主学习需要有思维含量的优质问题。我一直提倡"问题主体"教学，教学中的问题发现与设计至关重要，因为产生学习的根本原因是问题。记得听过一节课，老师设计的多数问题缺少思维含量，基本都是机械训练性的问题，教师虽然不断地启发激励学生积极回答问题，进行质疑，但是学生却表现得不够主动，不愿意回答问题。当教师突然提出了一个具有批判性思维特点的问题时，我发现学生的眼睛亮了起来，纷纷举手抢着回答问题。这就说明课堂有没有问题，有没有能诱发和激起求知欲望的优质问题，是多么重要。课堂上应该把问题看作学习的动力和起点，并力争做到问题是贯穿于学习过程中的主线；同时，要注重学习过程中生成的问题，并创造机会让学生思考、分析、表达这些问题，也就是让思维可见，让学习可见。

课堂上少有自主学习的场景与机会，不外乎这三种原因：一是教师信奉讲授式教学，喜欢一讲到底，习惯告诉学生答案；二是过于强调合作学习方式，课堂追求表面的热闹与形式；三是教师不懂得如何适时地点拨、引导与点评。这三种方式都赋予了教师话语与行为的主导地位，长期遵循，催生了低阶认知思维问题的流行与课堂行为结果（内容多为回忆事实和确认陈述性知识），限制和阻止了学生自己的话语权和学生自主学习的空间，学生被动地参与课堂学习。

另外，有些教师对自主学习也有一种偏见，认为自主学习就是让学生自己背诵、阅读、做题等。其实，自主学习的课堂上，学生对提出的问题，通过自己的独立思考能有所见解；解答问题时，能用多种方式表达自己的见解；讨论问题时，能向同伴提出自己建设性的意见。

下面，我列举一个案例，是我撰写的评课反思。课堂里教师好像时刻在努力实现着有效的教学，运用了自主、合作等学习方式。现在仅仅反思案例中自主学习方式的运用，理性地看，其中显露出很多低效甚至无效因素。

2009年2月18日下午第一节课，笔者走进了张老师的思品课堂。首先映入眼帘的，是学生六人一小组，相向而坐；全班共七个小组，教室南面和北面各三个小组，中间一个小组，看起来非常整齐，像古代军队的方阵一样。看来这个班正在实验小组合作自主教学。

张老师在"方阵"之中穿梭，一边走动，一边检查学生的超前自主学习情况，学生的表现非常精彩，回答流利熟练。

这一环节完成后，张老师布置了一项任务，学生立即开始准备，大约两分钟后，张老师检查。令人惊奇的是，张老师根据题目，不是点学生的名字，而是只喊小组，如喊二组，二组就马上站起一学生回答，喊三组，三组就马上站起一学生回答……

整堂课效率较高，容量较大，节奏快而稳。小组教学运用自如，学生自主学习意识强烈，根据题目内容，该谁回答就谁回答，层次性较强。课堂教学以学生展示为主，敢于大胆地让学生表述，老师力图退居幕后起导演的作用。

课堂上仍然显露出低效性甚至无效性劳动和教师不放心自己和学生的迹象。如在提问学生问题时，有的学生看着答案回答，听似效果很好，但隐藏着潜在的危机；学生因能看着答案回答，便有在课下投机的机会，其勤奋程度会大打折扣。此时，老师只是把关注点放在了问题的正确度上，没有发觉学生看答案这一现象。

还有一个问题就是，老师在学生回答完所有问题时，问学生是否还有持不同意见的，此时学生没有一个回答的，看来应该是学生全部明白了，但是老师又从头讲了一遍，我认为这是不必要的。

希望今后要以学生的实际情况为本，坚持以学生自主学习和展示为主，以小组互动和评价为手段，关注每一个学生的生命体验。教师要注重学生思维的生成性，该不讲的不要讲，该让学生做的让学生做，该快的快，该慢的一定要慢下来。在学生需要过程体验的时候，要学会耐心地等待，等待迟开的花朵，等待"丑小鸭"的表现。迟开的花朵同样是春天的骄傲，"丑小鸭"有时也会有惊人的创举。

在提问题时，要求学生全部合上手头的材料，教师不仅要关注问题，更重要的是关注学生的学习表现状态；不仅关注回答问题的学生，更要关注其他学生。要鼓励学生对问题大胆提出不同意见，教师要有自信，相信自己，更要信任学生。

无疑，自主课堂是践行"以学习者为中心"教育理念的课堂，课堂的指向重点是培养学习者的学习能力、思考能力、学习兴趣和自我约束能力，而不是知识的机械灌输。在这样的课堂上，教师应成为学习者的指导者和朋友，学生应该成为自律的学习者，是对自己的学习行为负责的求知者。这样的课堂，教育目的是造就终生好学会学的自主学习者，对学习有持久的好奇心，而非被动的学习者；学生可以参与教学，课堂上自主、合作、探究，有质疑和发表观点的自由和权利，而不是一味地服从或适应教师和教材等。说到底，就是教师主动给予学生学习的自主权和选择权。

作为一名年轻教师，如何竭尽全力寻求方法去满足学生的需求，从而创建积极的自主课堂呢？

一是教师要创造让学生有足够的安全感的情绪环境，使学生勇敢地去迎接学习中的挑战。教师还要创建一种承认自己知识的漏洞或学习中的过错的交流场景，把学生的错误作为一种课堂学习资源。这样，教师和学生就能够成为教学过程的合作伙伴。

二是努力使教学生动有趣，注重设计的问题和任务与学生的生活相连接。教师可以用一些灵活多样的方式向学生提供信息，让学生参与到学习活动中，有机会用自己所学的知识来做事，让学生感受到学习的过程是有趣味、有意义、有收获的。

三是帮助学生树立学习的自信心，教师应乐于给予学生所需要的额外帮助，以某种建设性、富有激励的方式给予学生及时、准确的反馈，不断给学生创造各种学习的机会；要不断指导学生如何有效设定学习目标，如何依据自己确定的目标一步一步走向最理想的发展方向。

四是要使学生感到自己有价值，有与他人联系的机会且受到尊重，教师要始终支持自己的每一个学生。不论是与学生课余时间交往，还是通过所讲的课程与学生对话，都要关注到各种水平的学生，让每一个学生都感到有收获。建议用合作学习或一些非传统的教学活动，使学生之间、学生与教师之间能从不同的方面了解彼此。

五是要大胆赋予学生某些职责，让学生人人有事做，这有助于学生从另外的角度看待学校。学校也是一个社会组织，而不仅仅是单纯学习知识的地方，学生来学习是需要交往的，需要通过一些活动任务练就合作能力、团队意识，同时，练就独立解决问题的能力等。

六是培养学生的选择能力。让学生拥有参与、选择积极课堂活动的权利，与老师共享管理课堂的权利，愿意听取学生的意见，规则一起定、执行互监督，甚至惩罚也是自己说了算。共同创造一些课堂活动，让学生进行自我评价。

（里德利，沃尔瑟：《自主课堂：积极的课堂环境的作用》，沈湘秦译，中国轻工业出版社，2001年7月）

第四节　变革，教师教学生活的风向标

在基础教育领域，故步自封、思想保守的现象比较严重，大家似乎总是习惯于过去的常规做法，不愿意主动寻求变化，在自己的工作中积极创新。新课程改革之所以举步维艰，与教师队伍中的这种思维方式与行为文化不无关系。其实，要想快速提高自己的教学能力，热爱教学和勇于改革的精神是很重要的因素，它是教师教学生活的原动力与风向标。

"精彩主持，智慧生成"课堂的倡导者焦胜玉老师，是一名教学改革的业余爱好者，他的故事很好地诠释了一名热爱教学、视教学为生命的教育者的精神。

焦老师本是一名极其普通的老师，他长期躬身于课堂改革，倾心于自己一生心爱的教育事业，发现了一套全新的课堂教学理念与方式。

我曾邀请焦老师到我主政的学校来为学生授课，是希望他能把他的实践与思考呈现出来，让我们的老师都能有所启发，都能受到教益。

时下，很多一线教师并不十分热爱自己的职业，仅把每天的工作当作"公事"来干，几乎没有自己的学科兴趣，把本来富含生命气息和创造机缘的教育事业干得乏味枯燥、无聊无趣。加之目前教育界的诸多所谓的创新啊、改革啊，大都是基于学校和上级主管层面的行动，教师这一职业就变成了被动的事业，哪来主动性，哪来爱好可言？

焦老师50多岁了，在我所见到的老师中，这么大年龄的大多已经退居后勤，即使有在一线课堂上奋斗的，也多是四平八稳地等待退休，谁还会想到改革？谁还想在课堂上有所创新？焦老师的第一学历是高中，他是由民师转正为公办教师的，没有受过专门的师范教育，他的身体也不好，患

有糖尿病，但是这些制约其事业发展的被动因素，并没能阻止他奋力前进和创新思考的步伐。

焦老师把课堂教学改革视为自己生活的一部分。他有时为了备课、准备材料，常常夜里十二点以后休息，但是焦老师却说自己并不感觉到累。大凡做自己喜欢的事情，当然不会感觉劳累。任何人专注于自己的业余爱好时，均不会感觉到劳累。既然做了一名教师，就要如焦老师一样，把自己的事业当作爱好，用一生的精力去好好呵护经营它。

首先要"舍弃"。在课堂上，要大胆给学生留出思考与展示学习成果的机会。很多陈旧的东西，如果不舍得扔掉，就会成为负担。

第二是"获取"。获取不是得，不是把别人成功的经验为己所用，而是用别人的经验来验证自己。要尊重自然的力量，尊重学生自然发展的规律。一棵小树就有生长的愿望，一片树叶就有向阳的性格。课堂上要相信我们的学生，教师唠叨多了，学生就不能按自己的思路学习了。教师还要相信自己，大胆进行课堂创新尝试，放下师道尊严的架子，如果认为自己就是课堂的主宰，就无法和学生平等地交流。因此，课堂上要放开，要给学生主持的权利，给学生管理的权利。

第三是"陪伴"。教师角色要转变，应该成为学生的引导者、评价者和服务者，其中最为重要的是服务者，教师要陪伴着学生高效地学习、快乐地成长。

焦老师还认为，"学生精彩主持"，不是让主持人代替老师讲课，应该是学生大胆提出问题，进行补充质疑，大胆展示，表达出自己的观点，实际上是创造一切机会让学生表现。精彩主持的关键是表达，"主持"前面加上"精彩"，是对孩子的激励。孩子们通过辩论表达，就能达到智慧生成。探讨得出的一切新的东西，就是智慧生成。课堂上想要保证效果，就要接受检验，让学生自己检验自己的学习情况。

我发现，在焦老师的课堂上，到处潜藏着对学生的一种激励，建立了一种超越传统课堂的新的规则。焦老师对我校老师推荐的两位主持人，只是简单地交代了一下主持任务，鼓励学生按自己的想法主持课堂学习，看怎么样学好这堂课的内容。于是课堂上出现了一种新的规则：学生主持，教师点拨调控，评价服务，学生精彩展示。在这种课堂上，教师始终站在讲台下，把讲台让给了学生，教师成了平等中的一员，陪伴着学生们共同学习，为学生提供表达的机会。

我在听过焦老师的课堂教学后，有如下感受：学生能主持课堂；学生是有无限潜力的；学生的合作欲望强烈；教师放权给学生成为可能，甚至板书的权利也放给了学生；教师要学会引领，有服务意识；学生主持，教师能有更多的精力和机会点拨指导学生；教师彻底离开了讲台，这是一场革命性的改革；课堂管理空间和力量明显增大；学生的自信心得到了展示；学生的思维赢得了解放，智慧生成异彩纷呈；学生的阅读素养有了发挥的土壤；等等。

其实，课堂上学生默不作声不是学生的本性，是教师压抑了学生，是陈旧的教育思想窒息了孩子们自然展示表达的天性。焦老师的课堂教学改革，其可贵之处，或者说是其本质，就是顺应了孩子的天性，还原了课堂的本来面目。

焦老师本身基本功并不很好，他不会说普通话，但是他穷其一生实践的课堂，充分展示了他坚守课堂、研究课堂、创新课堂的精神，我被这种精神彻底折服了；焦老师充分展示了他的课堂教学改革的智慧和思想，虽然他的一些做法我也会保持一种不全盘认同的态度，比如放给学生的权利与时间太多，我认为这仍然存在控制学生的嫌疑。

虽然焦老师的教学改革并不很完善，是一种朴素的教育实践探索，但是我却认为他的改革精神是一种宝贵的财富，我们要永远保存这笔财富，用以指导今后的教改行动。他的精神充分展示了他永不服输、笑谈人生的傲气、骨气，这不就是我们心目中理想教师的形象吗？

接下来我再从另一个角度，借助我校教学改革标兵崔金英老师的做法，来阐释一下"变革"在一名教师职业生命中的重要性。

很多教师在描述自己的生活时，总是觉得自己的职业生活枯燥乏味，每天重复着诸如备课、上课、批阅作业、考试等毫无意趣与创造性的工作，于是感叹自己命运的不济。时间久了，就开始厌倦自己的职业，不再思考自身思想的进步和专业的提升。

在中小学教师的心里，有一种牢固的观念，那就是：教师是他人思想和知识的消费者，有专家的研究成果，有现成的教科书和教辅资料，有新课程理念和历史留传的教学原则等，自己不需要再去创造，在教室里复演并传递给学生就行了，认为读书是学生的事情，研究是专家的工作。

这是当下基础教育界存在的一种极其令人担忧的思潮与行为，甚至可以说，这种状况就是"应试教育"的流毒。一旦教师生活的道路走错了，背离了正确的方向，教育就会产生众多意想不到的异端。如果不进行重建，来个彻底的思想革命，坚决实施基于新课程理念的教学变革，我们的教育教学就难以出现真正的"教书育人"现象。

其实教师是最"自由"的一种职业，教师的专业自主权空间是非常大的。张华教授认为："教学实践应该由传递别人的知识变为创造自己的知识，它应该是实践自己研究成果的过程。其研究成果就是教师自己开发的课程。"这才算是真正的教学，这样的教学才叫研究，这才是基于新课程标准理念的教师应该具有的生活方式。

而崔老师的教学经历，就能够凸显教学思想转变的重要，思想的转变会带来专业思维和行为的变化。据崔老师说，开始从教的头几年，她抱着初生牛犊不怕虎的态度从事着语文教学，拼命地备课，积极地听课，教参上名家的分析都会仔仔细细地抄在课文的空白处，总是虔诚地借来老教师的备课笔记学习借鉴。日复一日的努力换来课堂上的所谓从容，不再磕磕巴巴、困窘不堪地经历一节一节的课堂了，她可以像一名老教师一样，手拿教参或教本，胸有成竹地站在三尺讲台上大讲特讲：从字音到字形，从划分层次到概括段落大意，从课文内容到文章主题，每一篇课文都会用三四节课的时间细细地筛过，慢慢地肢解。当时她还以此为荣，四处炫耀，以此证明自己备课是多么充分，工作是多么努力。

过去，崔老师在教学中一直信奉付出和所得成正比的道理。为了让学生考出好成绩，她把所有的课余时间几乎全用在了读教参、抄教案、选试题、批改作业上。课堂上口若悬河、口干舌燥地讲，学生们机械地记着笔记、背诵着段落大意和中心思想，埋头做着一张又一张的试卷。在这些十三四岁的孩子身上，她感受不到他们青春的朝气与生命的活力。现在看来,当时的教学没有个性、没有创造,只有不停地"复制"与"粘贴";她复制了别人的想法,在课堂上再粘贴给学生,学生再把它粘贴在试卷上。师生间就像两滴互不相容的血,没有思想的交流与个性的碰撞,只有"呆板的演讲人"和"冷漠的听众"。无数的试题、高高低低的分数横亘在师生之间,夺走了本有的尊重与和谐。

长期落后保守低效循环的教学生活,让她的教学热情渐渐为枯燥乏味所取代,思想也箍上了死板的标记,且越来越感觉到,教学生活逐渐走进了一片死寂的荒漠,她多么渴望营造一片属于自己的教学中的胡杨林啊。

于是,她四处寻觅着,每天思考着。是洋思中学的"先学后教"给她注入了第一口新鲜的教改血液,她开始了教学变革的尝试。崔老师说:"学生们在老师发出'大家先自己学'的声音后,茫然地抬头看着,'老师,您让我们学啥?咋学?'我一愣,这个问题从来没有考虑过。可怜的我,自上学到现在就一直没有享受过自学,从小学到大学,都是听老师讲,更不要说考虑让学生去自学。我张张嘴,一个字都说不出,'还是由我来讲吧',第一次套用'拿来'的经验以失败告终。"

崔老师热衷于学习,她目睹了杜郎口中学"三三六"课堂模式后,被那种"乱哄哄"的课堂场景震撼了:学生们竟然可以相向而坐,大声说唱,镇定自若地在讲台上演讲,旁若无人地在地上书写,为一个问题小组成员争论得面红耳赤,为抢夺一次展示的机会他们高举双臂,齐声呐喊!她鼓起了再一次实施课堂改革的勇气。她告诉我一个经历:"我要求学生六人一小组,把读课文的感受相互交流分享。学生们惊讶地抬头,目光中充满了惊喜。他们兴奋地凑在一起讨论,穿梭在此起彼伏的讨论声中,我心中升腾起满满的喜悦。但这种表面的热闹掩盖不住失败的弊端。一个月的尝试后,我感到课堂效率低下,考试成绩下滑,不得不速速收拾残局,再次回归传统的教学。"

两次教学改革的尝试都失败了,这引发了崔老师很多的思考。那种原始的、靠挤占学生的时间来提高学习成绩的时代已经过去,语文课堂不但要培养学生听说读写的能力,更要提高学生的语文素养。课堂改革不只是教师的事,更需要学生的主动参与。因此,教师应该充分激发学生的学习兴趣，引导学生善于采用自主、合作、探究的学习方式，这对于提高课堂效率相当重要。

她开始清醒地认识到：一味地照搬别人的经验，不会、不能结合自己的教学风格与学生的学习实际，尤其是如果没有学校的支持，没有学校提供的改革创新环境和机会，个人意义的独立改革会收效甚微，甚至会以失败告终。崔老师积极响应学校提出的"零"作业教学改革，大胆进行改革创新。

在课下书面作业为"零"的情况下，教学应作怎样的调整？教师的"教"和学生的"学"究竟会发生什么样的变化呢？据调查了解，大多数学生不清楚自学的内容和方法，迫切希望得到老师的引导。也有许多学生反映，课堂上老师讲得太多，他们每节课只能呆呆地坐着听，时间一长就像木偶一样，不想说，不爱动。为此，她设计了"课堂学习指导纲要"，它共分五个环节：目标定向、学生先学、合作探究、点拨拓展和反馈评价。每个环节主要通过活动或问题的方式来解决学习内容，突破重难点，进行拓展归纳，在自主、合作和探究的过程中学生不能解决的，老师才提供必要的帮助。

我介绍她所设计的《变色龙》这节课的纲要中的一个片段以及她在课堂中的实施情况，来证明她在教学改革中的成果。她把其中一个问题设计成以下活动，并放在合作探究的环节中：第1—4组的同学受赫留金的委托，作为他的律师，状告奥楚蔑洛夫"徇私枉法"。第5—8组的同学受奥楚蔑洛夫的委托，为他的行为辩护。请小组合作，为各自的委托人整理出精彩的辩词。通过辩论，你认为警官奥楚蔑洛夫是否应受到惩罚？

学生们对这样的辩论很感兴趣。学习任务刚刚下达，就以小组为单位，三个同学负责搜集材料，一个同学负责整理发言。崔老师则加入到两个小组进行必要的引导。正方的一个小组只搜集了一条（小狗咬到赫留金的手指，侵犯了赫留金的生命健康权，狗主人理应赔偿，但警官奥楚蔑洛夫却因为小狗的主人是他的上司，就把罪名怪罪到赫留金头上，实在没道理），然后就陷入了沉默。她引导他们走进文本，阅读第8段和第12段相关人物的语言，他们很快找出关键的句子："我要拿点颜色出来给那些放出狗来到处乱跑的人看看。那些老爷既然不愿意遵守法令，现在就得管管他们。"一名组员说："这句话给我们的信息就是放出狗乱跑是违反法令的。"另一名组员说：从第12段赫留金的话（他的法律上讲得明白，现在大家都平等啦）中得知，当时法律上明确规定人人平等，既然将军的哥哥随便放出狗到处乱窜是违反法律的，就理应受到惩罚，但警官最后却没有让狗的主人承担责任，那就是徇私枉法。

经过师生的共同努力，辩论开始了！每一个组推选一个代表，与其他组的代表组成辩论的正方或反方，采取陈述和自由辩论相结合的方式来进行辩论。三分钟的自由辩论时间，学生们表现得异常踊跃，针锋相对，唇枪舌剑，将课堂活动带入了一个高潮。本来是指定一个小组出一个代表参加辩论，但随着辩论的进行，越来越多的学生主动站起来补充发言，结果这场本来计划三分钟的辩论又延长了两分钟。经过这场精彩的辩论，学生们理解了文章的主题。这样的课堂并不仅仅停留在表面的热闹，学生有真正的思考与探讨。

作为崔老师教学变革的见证人，我可以骄傲地说，崔老师的语文课堂越来越精彩，它像一眼清澈的泉水，涌动着创造与灵感，展现着学生的个性与思索。学生每节课都像注入了新鲜的血液，充满了朝气和活力。她也从以前僵尸般的生活中得到解脱，每天忙着读书、忙着与学生交流，看到学生自习课能够自主地预习，课堂上能够融洽地探讨交流，主动地表达，从容地展示，我能看出，她身心有一种说不出的舒畅，浑身有一种使不完的劲儿。

是教学变革转变了她的生活方向，引领着她不断地学习、思考与创新，她从此真正地理解了教师这一职业的神圣与伟大，感受到了教学变革给她的专业成长带来的力量。同时，也促使她的学生的学习生活方式悄悄地发生着转变，学生成了学习的主人。

第五节　从单一目标走向"全局性理解"

在本章导读中有这样一句话：教师只有拥有广阔的专业知识背景与宽容愉悦的生命底色，才能透视并了解教育的真相，才能理解课堂的本质，使自己的课堂教学充满智慧与活力。在"互联网+"时代，快速提高教学能力既不能丢弃传统的学习方式，又要快速适应新时代的需求，学会运用新的工具来寻求提高自己课堂教学能力的渠道。

有一位同事对我说："这个暑假我得与我的学生一起去学习'雅思英语'了，学生的知识与视野现在都超过我了，我都不懂'雅思'是什么，怎么再与我的学生对话啊！"也有老师说："每次开学第一节课，我都会这样对学生说：我们是朋友，是师友，我们需要互相学习，我不会的也会向同学们学习的。"为什么会有这样的场景呢？因为对于现在的学生来说，学习不仅仅是发生在课堂上，学生可以通过网络进行线上学习，比如慕课、直播课堂等，资源是如此丰富，不少自学能力强的学生可以借助其他多种形式的学习工具和资源进行学习，课堂不再是他们唯一的获取知识的地方。这是一个"全学习"的时代。主题学习、场馆学习、行走学习、项目学习、翻转学习等等，已经充斥到各个领域与时空。

在"互联网+"时代，还是继续遵循"师道尊严""严师出高徒""教师是知识的化身""教材是神圣不可侵犯的""封闭式管理"等教育教学与管理理念，怎会不出现问题？学生的视野、思维、情感、技能、价值观等都与其教师，即使是刚毕业的新教师，有很大的差距与不同。

说到这里，我建议想改革的学校，想有所创新或改进的教师，必须重视学生的想法与权益，尊重他们的个性、兴趣，给他们创造学习成长的空间。学生的思维打开了，他们的话语权得到了尊重，能量、潜力和兴趣有了释放的机会，他们就会推动着老师去重新思考自己的人生观和价值观，重新思考自己的教育观念和教学方式，倒逼老师去不断地学习研究，进行各种改革与尝试。因为自己不变，便无法应对不断变化的、有更高更多需求的学生。我想，"与学生重新建立关系"是当下学校育人模式和课程改革的核心要素。

育人目标与学科育人价值，已由双基、三维目标发展到了核心素养。作为教师，我们首先需要理清两方面的问题。一是双基、三维目标和核心素养，三者是什么关系？简单地说，它们不是谁代替谁，谁否定谁的关系，而是育人目标、学科育人价值在不同教育阶段的具体体现。二是学生是为了当前分数而学还是为未来生活而学？这就需要教师的关注点迅速发生转型，从关注知识点与学业成绩转到关注育人、素养上来，从教学走向教育，多关注与生活相关的知识、知识内涵的掌握和知识的实践运用等，也就是让知识成为素养，变成智慧。

首先，教师应该有一种自主意识，突破传统教育教学观念的局限，主动挖掘非常规教学内容的学习价值，去拓展日常教学内容的边界。

教师要勇于超越基础知识与基本技能、传统学科与彼此割裂的学科，直指培养学生发展核心素养，面向新兴的、综合的、有差异的学科，进行跨学科的课程整合；勇于超越区域性学习观念、对单纯知识的掌握以及既定内容的学习，直指能够面向世界的学习理念，关照现实世界与未来生活的内容，为学生提供多元的课程菜单与学习方式，供学生去选择。

其次，教师应以"未来智慧"的视角看待教学，用"全局性理解"来重构学习的知识。

《为未知而教，为未来而学》一书的作者戴维·珀金斯认为，"全局性理解"包括"深刻见解、采取行动、进行道德判断和机会"四个方面。比如民主概念是如何体现"全局性理解"的呢？

深刻见解：民主的相关概念为我们提供了关于不同国家和人民的状况、关于世界一体化的深刻见解。

采取行动：对民主概念的全局性理解让我们能够通过主张解决哪些问

题、追求何种方式来采取行动（例如，表明立场、表达抗议、经过深思熟虑后投票等）。

进行道德判断：对民主概念的全局性理解能够激发对有效民主模式和民主实践的道德性追求。

机会：当今世界，有很多机会让我们能够仔细考虑民主问题，比如你的祖国发生了什么事、其他国家时局如何、某些机构的民主说辞，等等。

但是，我们教师平时设计问题或解决问题时，大多以第一个层次为主，较好的会想到其中的第二个层次，真正能够达到后两个层面去推动学习进入深度状态的并不多见。这也是为什么我们的育人目标总是令人不满意的主要原因。

从一个问题、一节课到一个单元，到一套课程，再到整体的跨学年课程、面向全球和现实世界，运用"全局性理解"这一概念来思考和实施我们的教学，一定会点燃创造性的开放性问题，让知识在生活中融会贯通，帮助教师建立一种新的单元体系，不断更新学科、重构学科，促进"学习主题"到"学习工具"的转变，为有效教学创造良好的机会，从而为学生发展"核心素养"作好准备。

我认为，新时代需要现代的教育能够发现新问题，针对新问题进行新的思考和采取适合的行动。2017年北京市高级中等学校招生考试语文试卷命题的基本原则是：体现学生九年义务教育阶段的学习成果，将语文素养作为考察重点；全面体现中华优秀传统文化和社会主义核心价值观，在命题方向上力求灵活、广度与深度，为学生展现个人语言运用能力和语文综合素质提供平台；将学生的课内外知识进行有效结合，充分体现学生在学习过程中掌握的实践运用能力。其灵活性进一步加强，重视知识的广度与运用；注重结合时代背景，反映社会需求（如名人故居、新能源、人间正气等）；对综合能力的需求进一步提高；形式多样化的同时保证核心一致，传统文化考查从外在形式过渡到精神内涵。

于是，北京市育英学校针对新问题对初中语文教学进行了"3+3语文课程改革模式"的探索。简单地说，就是用规定课时的3节课完成基础课程的任务，用另外3节课实施阅读课程，这样教师就会不得不基于单元或学期、学年对教材进行课程整合，对于学生来说阅读量就上去了。同时学校为了推动阅读课程，在校园的很多地方都设置了流动图书馆，建立了温馨舒适的阅读长廊，开办了学生大讲堂等，用各种方式创造读书的氛围环境和学生选书、读书、表达与分享的平台和机会。学生阅读兴趣的激发与阅读量的激增、视野的开阔与表达、思维等能力的提升，倒逼老师不得不加强自己的阅读，转变自己的教学方式，不断调整自己的育人理念，以适应个性发展鲜明、问题不断的学生的需要。

当下的学生和老师之间的关系，不再是"一滴水"与"一碗水"的关系，也不仅仅是知识与知识的关系，还有心灵之间的交融、思想之间的碰撞。教师要学会搜集整合大量的关于课堂的有用信息为我所用，学会运用线上学习的方式快速领略一些名师的经典教学经验与成功案例，积极主动参与或承担学校的一些教学改革项目，这对于快速提升教学能力，做到从"单一目标"走向"全局性理解"，大有裨益。否则，将会被教育教学改革的浪潮淹没，将会延长自己成长的周期。

在此，我建议大家可以多关注一些名师的个人微信公众号，多关注一些适合自己阅读学习的新媒体公众号。这些公众号里有不断更新的新鲜资讯和知识，相信总有一款是适合自己的，这有助于自我成长与修炼。

第三章
如何保持融洽的师生关系

自我修炼要点：

1. 学生犯错误不可怕

2. 遭遇教育困境后，观念要自觉重建

3. 学生，我心灵的照妖镜

4. 等等"敬畏教育"

5. 回归学习者的内在生命运动

本章导读

"亲其师，信其道"，这是大家都早已明白的道理。伴随着新课程改革，基础教育理念发生了重大变化。其中一种主要的新理念是加强学生的自主学习和自主管理意识与能力。不过，在实际的学校教育教学中，教师却处于尴尬境地。一方面，教师在教育教学中努力采取各种教学方式，以培养学生的自主学习、创新和实践能力；另一方面却陷入了课堂纪律的管理困境。

无非有如下三种原因：一是多重视与关注控制学生不良的行为，缺少引导学生良好行为的习惯；二是忽视学生的情感依赖和心理需要；三是在某种程度上总不信任学生。于是，教育者时时处处都对学生进行监视和压制，便容易造成师生关系紧张，引发正处于青春期中的学生的逆反心理，因此故意违纪现象会增多。

对于学生的这些不良行为，很多教师都有困惑。他们总是抱怨这些不听话的学生，抱怨学生的家教问题，甚或抱怨这个不尽如人意的社会环境。学生也都明白这样做并不都是正确的，会让老师生气苦恼，也就是说，他们的行为并不是都不经自己大脑的思考。但是，无论教师如何抱怨，有些学生却偏偏选择那样做。

如果我们接受了"学生的行为是一种选择"这种观点，就会发现他们的不良行为其实是我们与之不当互动的一种结果。我们无法改变任何人，除了我们自己。我们只能通过自己的行为来影响别人。

第一节　学生犯错误不可怕

首先观察一个美国孩子。他用小铲子把沙装进漏斗，但他发现漏斗总也装不满，疑惑地拿起漏斗上上下下看了一会儿，似乎明白了其中奥妙，于是用手指堵住开口，使漏斗装满了沙子。接着，他试图把漏斗里的沙子倒进瓶子里，可是发现从手指移开到对准瓶口，沙子已漏得差不多了。孩子开始加快手移开的速度，几次之后，他突然意识到，把漏斗直接对准瓶口，沙子就会听话地进入瓶中。他按照这种方法很快装满了一瓶沙子，一直在旁边未动声色的母亲这时高兴地拍手以示鼓励。

再观察一个中国孩子玩沙，他一开始也是忙着拿起漏斗向里面装沙子，也同样发现了问题，所不同的是旁边的母亲一看沙子都漏光了，就手把手地教孩子把漏斗直接对准瓶口，然后再灌沙子。结果孩子没经历任何挫折就立刻学会了正确的方法，但也很快就爬出沙坑不玩了，因为玩沙的过程一被简化就没什么意思了。

两位母亲对待孩子的方式，体现着两种截然不同的教育思维。这位中国家长认为，手把手地教可以使孩子在最短时间内掌握一种技能；这位美国家长认为，孩子应当自己去思考和发现解决问题的方法，并依靠自己的力量解决遇到的各种问题。这位中国家长认为，技能学得越多、越快，孩子就越聪明；而这位美国家长认为，亲身经历越多、体验越丰富，孩子就越聪明。

大家都明白一个道理，犯错误是最好的学习方式。我们有没有觉得，当我们教孩子怎样去玩他的玩具时，我们同时也就剥夺了他发现的快乐和征服困难的快乐呢？而这恰好是人生中最重要的快乐。应该告诉我们的孩子,还有"在错误中学习"这么好的一种学习方式。

我们的孩子为什么厌学?是因为我们中国的家长和老师总是以中国人传统的思维方式来教育孩子,鼓励孩子少犯错误,从不犯错误的就是好孩子。这可能会导致孩子们害怕犯错误,害怕变通,从而渐渐失去从错误中学习的乐趣。殊不知,我们一代一代是在重复着一个严重的错误:没有让孩子有机会亲身尝试错误,没有留给孩子思维的经历,没有让孩子去体验、实践,一切都是现成的。我们对待孩子可谓是在"犯罪"。

我明白"在错中学"的道理,因此,在我的课堂上学生们都会争先恐后地回答问题,不怕出错误。有错误的课堂才是真实的课堂,偶尔出错的学生可能更有学习的热情,更有创造性品质。

非常清晰地记得一名学生问我:"老师,您提倡让我们上课大胆提出问题,积极回答问题,但是我们出错了,您批评我们吗?"我说:"不会的,你们尽管提出问题,尽管大胆回答问题。"但是这句话说出后,学生们是做到了,而我自己则常常感觉遇到挑战。有时缺乏耐心,越俎代庖;有时发现学生非常简单的问题也要问,讲了好几遍的还出错,就想大发雷霆;有时对个别学生的错误纠正没有及时跟上,使得学生在提问或回答问题时,总是怯生生的。这种矛盾情绪时常折磨着我。

其实,之所以如此,是因为在我内心里仍然存在着一种错误的观念——怕学生出错。我经常反思,学生在课堂上出现的错误到底有没有价值?为什么有些问题学生会经常出错?到底怎么才能解决好这些问题,并让这些问题成为可利用的课堂资源?如果能正确理解并解决这些问题,就真的为中国的课堂教学改革作了贡献。传统课堂教学,总是在学生探究前安排大量的复习和铺垫,还有"越位"的提示或暗示。教师总是希望自己的学生能够顺着自己搭建的台阶,拾级而上,沿着教师指引的巷道,独自前行,在不容回旋的空间里,学生就能得到正确的、教师想要的答案。

心理学家盖耶说:"谁不考虑尝试错误,不允许学生犯错误,就将错过最富有成效的学习时刻。"放弃经历错误,也就意味着放弃经历复杂性,远离谬误实际上就是远离创造。允许错误存在,实际上是给予学生自主处理新问题,学会在复杂情境中进行辨别、分析、判断、推理的机会。所以，我们要在课堂上让学生在自然状态下探究，让学生自由地呼吸，给学生提供出错的时空。

  一名优秀的教师会从学生的错误中积极寻找教育契机，他的备课、他的讲课、他的交流等，无不围绕错误运转。缺乏这种思想，不会寻找这种资源的教师，才会在课堂上表现得"气急败坏"：我讲了十遍了，你还不会?！课堂上出现的错误，我们必须小心翼翼地对待，因为它是一种特殊情境下因思维走偏而产生的教学资源，也可以说是学习资源。如果处理不当，将会给学生带来困难或意想不到的"麻烦"，从而影响学生的发展。

  学生的一个错误，或许正好是老师所需要的，用以帮助学生发现真知的东西。错误是学生创造的开始，宽容接纳学生的过错，并不是在容忍学生的不努力、不积极，为他们的错误辩解，而是善意地指出来，请学生自己加以反思，组织同学们互动讨论探究，最后加以点拨指正；不是任由学生在错误的道路上信马由缰，而是鼓励学生要有探究的勇气，激发学生挑战的精神，保持学生的创新激情。

  允许学生出错，容忍学生出错，就是尊重学生的劳动。可以鼓励学生积极探索，深化学生对知识的理解，培养学生直面错误、超越错误的创新品质。处理好了这些错误，不仅能让学生感受到自己在课堂上的改变和成长，还能体验到人格的尊严、真理的力量、交往的乐趣和人性的美好。

  当然，也不是所有可以作为资源的错误都要当堂处理，是否当堂利用错误资源，要看是否服从和服务于本课的学习目标。要想提高当堂分析错误资源性质及其与教学目标相关性的能力，教师要重视对学生课堂错误的收集、整理、分析综合和抽象概括，提高解读教材、把握错误性质和临场调控课堂的能力。

  正确的解答，可能只是模仿，而错误的解答，却可能是创新。可怕的不是学生犯错误，而是教师错误地对待学生的错误。

第二节　遭遇教育困境后，观念要自觉重建

2014年，我曾经担负过一个初一班级的班主任和英语教学工作。一年的工作到了尾声，自己感觉班级正在向着理想的方向发展。但是接连发生的两件事，让我陷入沉思。第一件事是学校对班主任工作进行了问卷调查，学生对我的认可率竟然不到百分之六十；第二件事是一位家长给我提意见，说我过多地关注孩子的学习，对孩子过于严格，忽视了孩子们的其他爱好与活动。家长说，他们只有一个孩子，希望他能健康快乐。

是的，一年来，为了干好工作，把学生带好，我不改"应试教育"的思想和行为惯性，不知不觉地表现得太过强势。比如，标准高，且要求每一个学生都必须刚性执行，少了些亲和力和情感沟通；总想纠正学生的不良习惯，对学生犯错误缺少宽容；没有尊重不同学生的需求，过于着急地让班级和学生按自己的理念和方式发展；权威意识多了些，民主意识少了些，以控制型管理为主；没有根据学生的不同家庭情况调试教育方法。

我深知，我所遭遇的境况与挑战，迟早都会到来。我仍然在奉行过去传统的"应试教育"思维模式下的教育观念和行为，潜伏在社会、家庭和学生情感中已久的对非人性的教育的反感，甚或是愤怒，怎会不爆发？

学生难管，表象是受到社会、家庭、学校等因素的影响，或是说现在的学生个性强、视野开阔、思维活跃等。但是我认为，学生表现得难以管教并不是一件坏事情，这是一种觉醒，是对传统教育观念和对学校严格死板教育体系的抵触，是对自由、民主、个性、诚信、人文和理性等现代教育思想和学习生态环境的呼唤。

因此，需要改变的不是学生，而正是教师自己。一名教师面对自己的

工作和成长仅有强烈、主动的愿望和诉求还不行，更关键的是要善于在自己的教育观念和行为遭遇阻碍后，能够自觉地审视自己的主观和偏见，重建教育观念，重构自我成长的方式。

《学校会伤人》一书的作者柯尔斯滕·奥尔森说："我们必须理解教育体系是如何把我们的学生弄得不愿意学习的，这些制度严重地抹平并低估了正在测试的东西的复杂性，代之而来的是纪律和惩戒意识，这把每个人导向到了没有批判意识的、不假思索的分数狂热和焦虑之中。我们不可能通过在学校里对学生采用驯服、束缚、使其麻木、过度干涉以及过度测验的方式，来使他们产生对学习的深深热爱，产生探究的渴望，或是产生持续和创造性的分析能力……学校教育的长期影响恐怕会使他们在思维上太过保守，不愿意承担风险，对权威过度顺从，或是对自己过度低估。"

是啊，我们对待学生的方式常常是不尊重的，或是低估了他们。这就是我的观念和行为遭遇学生抵抗后的切身体察，是一种对过去教育手段的虔诚忏悔，是一种对人性和对人的生命困境的深刻体悟。

教育不是学校专制体系下的呆板制度与标准评价，不是简单的灌输式教学与控制性管理，不是学生的考试成绩。教师成长所需要的特质应该是善于读懂学生、激励学生、宽容学生，追求精神视野的开阔、价值格局的高远，习惯于多视角思考问题，不以追求最终的结果和简单的成功为目的，胸怀世界，立己达人，富有公共情怀，不断为自己引进源源不断的生命活水。

因此，教师要在教学方法、制度文化或是教育理念没有多少根本性变化的情况下，尽量把视线放在学生真正的生活上，发现学生的生活风格和学习兴趣，借机建构属于学生个体的课程，展开对孩子成长的影响和推动。教师应该把学生的分数自觉视为学生目前心理状况的反映，这些成绩反映的不仅仅是他们所获得的分数，更是反映了他们的智力、兴趣、专注力、创造力、适应性、领导力、幽默、坚持等，而不应记录下一堆事实借以管教学生。

通过了解学生的生活风格和生活兴趣，发现他们所擅长的科目或特长，我们就从这里出发，总可以找到适合教育他们的方法。如果一个学生对某一学科或某一方面感兴趣，并取得了成功，这就会激励他去学好其他的科目，做好其他的事情。奥地利精神病学家、人本主义心理学先驱、个体心理学的创始人阿尔弗雷德·阿德勒说："理想的教师负有一种神圣的、激动人心的使命：他铸造学生的心灵，人类的未来掌握在他的手中。要指导心灵，就需要了解心灵的运作，只有那些了解心灵及其运作的人，才能运用他的知识，指导心灵走向更高、更普遍的目标。"

我有一个观点，教师观念重建的一个重要策略是学会发现学生行为背后的真实问题，这样方能找到适合的教育。作为一名负责任的教师，往往不自觉地会暴露出一种习惯：凡事都想得很周到，根据自己的个性经验和学校的校风校纪，事先预测学生们在学校生活和学习期间可能会发生的问题，制定出相对完善可行的班级或课堂治理规则，与学生们一起学习，教育学生最好不要来闯这些底线，以此预防各类违纪事件和不良行为的发生。

也常见这种现象：一旦有的学生不小心触犯了学校或教师制定的规则，教师常常就行为而论行为，简单作出判断，把这类行为归位到违反校纪班规当中，给予当事人一定的惩罚。即使是采取宽容的处理方式，也会因各种理由无暇思考事件之所以发生的本质原因，不懂得去捕捉、运用行为背后的教育契机。

当不良行为发生时，最好不要马上干预，直接处理。所有做父母的可能都能回忆起这样一种场景：当你的孩子被你管教训斥以后，孩子会抹干眼泪，主动走近自己，表现出对父母的爱，而此时，才是最佳的教育机会。

曾经看过一部微电影《迷路的孩子》，里面有这样一个事件：女主人公秋恬是一名到大山深处志愿支教的大学生，她喜欢在上课时包里装一瓶花露水，用来提神。有一天上午下课时，她忘记拿回花露水了，等下午上课时，发现花露水不翼而飞。

秋老师在处理该事件时，采用的是常规的办法：在课堂上直接当着全体学生的面，问大家谁拿花露水了，并说"诚实的孩子，应该自己承认，不应该偷偷拿走别人的花露水"。秋老师要求拿花露水的同学明天自觉放在讲台上。但是所有的孩子都怯生生地望着秋老师，没有一个站起来承认的。

接下来发生了这样一幕：从男孩小辉的表情上，可以看出他好像知道内情，想站起来说话。但是旁边的男孩火根却突然说："你不能乱讲话。"此时，秋老师说："我知道就是你拿的。"火根从自己的座位上站起来辩解道："老师，我没有偷你的花露水。"说完离开了教室。

其实真相是这样的：几个女孩课间拿花露水互相传递着玩，不小心掉在地上摔碎了。

随着剧情的推进，学校校长到教室告诉秋老师火根失踪的消息，秋老师和同学们一起去找火根，花露水又回来了。

原来火根不想让老师伤心，发动同学集资买花露水，因为去山外购买，结果因天黑迷路而耽误上课。

秋老师被"花露水事件"中同学们的纯朴而善良的行为深深地打动了，她说："大多数人认为，支教志愿者如同福音般地为大山深处的孩子们点亮希望，为他们指明前行的方向，但我的支教故事恰好相反，朴实的孩子们教会我放下功利，真诚地生活。"

孩子们行为背后的故事最终融化改变了秋老师起初支教的动机：表面支教，实为考研。

可见，学生的一些看似不能让人理解甚至让人气愤的行为，其背后却隐藏着一些感人的故事，一些高尚品质，一些敏锐的情感，一些极其珍贵的正待孕育成长的人生观、价值观和世界观。

希望年轻教师们时刻记住：永远用理解的目光看待孩子的各种行为，关注他们行为背后的思维、观念与故事，甚至有时还需要追溯到他们的童年生活和生命背景里去理解教育，寻找教育的最佳机会。

第三节 学生，我心灵的照妖镜

一名好教师应该同时具备以下五面镜子的功能：望远镜，看将来，看发展；放大镜，放大学生优点和闪光点；显微镜，善于发现问题与不足；多棱镜，从不同侧面对人对事进行分析；平面镜，客观、公正地处理问题。这五面镜子都是立足于教师层面，以教师为主体看待好教师的标准。其实，评价一名好教师的标准，或评价一名成熟教师的标准，应从学生的角度出发，以学生为主体反观教师的观念与行为。

帕克·帕尔默说："教学不论好坏都发自内心世界，我把我的灵魂状态、我的学科以及我们共同生存的方式投射到学生心灵上，我在教室里体验到的纠缠不清只不过折射了我内心的交错盘绕。从这个角度说，教学提供通达灵魂的镜子。"

2014年10月，因一名女教师请产假，学校把该教师的班主任工作移交给了我。自我感觉教学和管理经验丰富的我，自信地走进了我的班级。但是一开始我就犯了一个大错误，差一点翻了船。

我站在讲台上，扫视了一下我并不了解的学生，以一名"教师"的身份开始了我的"就职"演说，以宣传我的教育教学理念和主张。我独自慷慨激昂完毕后，让学生分为正反两方，来辩论我的理念和主张。我的内心是想让学生通过辩论，理解和认同我本人和我的思想，但是意外的事情发生了。

"老师，你的理念我不认同。""是的，你是给我们一个下马威，杀鸡给猴看。""你说的我们都明白。"同学们纷纷表达自己的看法和意见。这时我问："那支持的一方是什么意见？""老师，你的想法很理想，不符合我们的实际。""老师，我给你提个意见，你说话时手指总指着我们，这是对我们的不尊重。"……

一片片全是反对的声音啊，从教二十几年了，我的权威第一次遭到学生无情的挑战，第一回合我就以失败而告终，我灰溜溜地逃离了教室。

以后几天里，在自己的课堂上，不时发生有学生乱插话、随意转身、发出怪笑声、手里拿着东西玩耍等现象，于是我经常不得不停止授课时间处理这些问题，一节课下来，感觉焦头烂额，心情极度郁闷。更糟糕的是，学生们竟然在他们的微信群里议论纷纷，表达了对我的意见和不满。

继续这样管理吗？看来学生快要形成抵抗联盟了，如果不抓紧时间想办法，时间久了，这帮刚进入青春期的孩子会把我赶出教室的，我第一次感到了来自课堂的恐惧。

周末，我把自己关在家里，冥思苦想。这时，妻子警告我："现在的孩子不比我们那时，他们读书多，见识广，他们有表达自己想法的欲望、能力和权利。你整天说要讲民主、讲平等，要尊重学生的权利，把管理和学习的权利还给学生，但是你骨子里总有一种权威观念，你可能在说话时情不自禁地表露出了对他们的不理解和控制。"

一席话，我幡然醒悟。是啊，我忽略了每一个学生的想法，在没有充分了解学生的家庭背景和生命经历的情况下，意图让学生就范于我个人的思想之下。哎，我成了什么？我把学生当成了什么？我后悔了。教育是一种慢的艺术，急不得，应该尊重常识啊。

此时，我想起了一个故事：

有一位年轻人，因为工作的需要被分配到一个偏远的山村里教书。他觉得不公平但又无法改变现实，于是，他很消极，给孩子们讲课时总是心不在焉，有时还觉得这些孩子脏、笨、让人讨厌。

这一天，下着蒙蒙细雨，灰色的天空加剧了他灰色的心情。本应该是上地理课，可他一看到地图上的首都，失落感马上袭来。他不想上课了。看着地图，他突然想到一个自认为别具一格的教学方法，可以度过这45分钟。他让每个学生把那页地图撕下来，然后把它撕成碎片，放在桌面上。

这时，他说："好，同学们，我们现在来个比赛。请把你桌上这个地图再拼合起来。看看谁最快！"

这个年轻的教师以为这件事会使那些学生花费上午的大部分时间。于是，他又走到窗口，一个人对着雨天抽着闷烟发呆。但是没过5分钟，就有个学生站起来说他拼好了。年轻的教师非常惊愕，问他怎么能如此之快地拼好了一幅地图。

那个小男孩说："这很容易。这幅地图的另一面是一个人的肖像。我把这个人的肖像拼到一起，然后再把它翻过来。我想，如果这个人是正确的，那么，这个世界也就是正确的。"

"如果一个人是正确的，他的世界也就会是正确的。"这个年轻的老师陷入了深思。他瞬间明白了一些道理。从此，他尽心尽职地教育着孩子们，并在这里扎下根来，为祖国输送了一批又一批优秀的人才。

这个故事给予我的启示是：如果你想改变你的世界，首先就要改变你自己。如果你是正确的，你的世界也会是正确的。

学生来学校是寻找伙伴的，也就是说，作为教师，也应该首先与学生打成一片，成为伙伴。我的学生在课堂上有那样的表现，反映了他们对归属感的需求，他们是想与伙伴们一起互动、游戏的，而不是想单单顺服于某个人的思想和管制的。实际上我犯的错误就是没有想去遵循学生们的这种需要。学生有不良行为表现都是有自己的目的的，一旦教师停止授课关注处理这类事情，就会正中学生下怀，此时，教师是失败者。

弄明白了道理后，我开始变了。在课堂上，我尽量多地关注那些行为习惯好的学生，借此强化正能量，少去关注那些心存不良目的的学生的行为，耐下心来，借用注视、轻轻走近等方式处理他们的行为，实在是忍无可忍时，还是耐下心来，等待下课后处理。只有到了万不得已的时候，才去揭穿他们的目的。

比如我班有一位学生小文，我用了各种方法影响他，但他还是我行我素。有一节课上，我笑着说："小文，我知道你为什么上课这么爱乱插话、制造笑话了。"小文问："老师，是什么？"我说："你是想引起异性同学的注意。"此时，小文表现得很惊奇："老师，你怎么知道啊，你上学时是不是也这样？"我说："好像也是。"全班同学哄堂大笑，该同学不好意思地低下头，脸红了。我感觉到了，同学们的这次笑声是友好的笑声，是尊重的笑声。

是啊，我们这个年龄的时候不也是这样吗？我们为什么非要让学生们遵循成年人的意愿呢？也就是说，我们不应该再把上述学生的不良行为看作问题行为，看作不应该发生的事情，而是应该在小心探究这种行为背后的目的的基础上，及时调整自己的情感和认知，真诚与学生沟通，一道与学生协商适合他的解决办法，努力满足每一个学生的心灵需要。

培根说："只有顺其自然，才能驾驭自然。"我把我的思想和行为回归到学生的年纪，时时处处作为他们平等的一员，与他们一起欢乐、一起悲伤、一起激愤、一起羞愧。为了让学生学会倾听，我专门为学生写了一篇文章《倾听，另一种动听的语言》，我不再大声喊叫了，我的声音变得柔和轻微。在课堂上，我把学习的权利还给了学生，让学生领读、让学生组织活动、让学生互相评价，在课堂上很少说话，但是学生却感觉其乐无穷。我把管理还给了学生，甚至"惩罚"都是学生说了算。学生给我起了个外号，叫"小欣欣"，不少同学都加了我的微信，把他们的课外生活故事发给我，和我说些悄悄话。下课后，好多学生都围在我身边，摸摸我的手，摸摸我的衣领……

一个姓张的女孩的家长晚上给我打电话说："李老师，你用的什么方法啊？平时我要求她那么严，盯着她，她就是不喜欢学英语。现在她每天晚上都大声读英语，作业上每次都是优秀，这到底是什么原因啊？"

我告诉她："也没有什么好方法，我欣赏她，崇拜她，她喜欢戏剧，喜欢写小说，我是她的倾听者，我是她的第一个读者，我尊重她的兴趣。我走进了你孩子的内心世界，在她面前我也变成了孩子，孩子自然愿意接受我的帮助。"

最后，我想说："如果我愿意直面灵魂的镜子，不回避我所看到的，我就有机会获得与学生生命相遇的机会，走进学生的生命世界。"

第四节 等等"敬畏教育"

下午授课任务完成后,我走进学校课程研究中心,中心的艾老师正好在,于是我们聊起天来,其中聊到当下中小学基础教育的育人目标转型问题,触动了我的深度思考。

艾老师提到"乐群"这两个字,她说,过去的教育非常注重"乐群教育",学校组织活动的目的是让大家体验集体的规则、精神和力量,激发大家为集体的荣誉而努力,奉献自己的聪明才智。如集体下乡劳动、集体做广播体操、集体大合唱比赛等。那时的人们都会视集体为自己的家,个人与集体是融为一体的。

"敬业乐群"是那时很流行的词语。"敬业乐群"这四个字,典出《礼记·学记》,原典为"一年视离经辨志,三年视敬业乐群"。香港城市大学的校训为"敬业乐群",其解读是:"敬业"旨在人格的培养,对专业知识敬慎以待,包含了现代学术的专业精神与专业道德;"乐群"则强调个人与社会的关系,一方面是个体人格的成长,另一方面则提倡群体精神、社会关怀与造福人群。透过其涵义联系当时的教育,"乐群教育"不但对那时的每个人来说是需要的,自然也是与当时的政治与经济发展情况相适应的。那时的个人如果离开了集体,就会失去成长和发展的环境,个人独立生存的机遇相对贫乏。

而现在的中小学校的育人目标,开始转型为"为满足学生个体需要而设计","面向全体学生,尊重个体差异"成了当下最为核心的育人价值观。"乐群教育"与"差异教育"的价值指向是不一样的。"乐群教育"让大家尊重集体利益,"差异教育"让大家尊重个性释放。教育目标侧重点的转移，势必影响学校和老师教育学生的观念和行为。如现在不少学校的活动就明显有别于过去，运动会强调班级学生的个性展示，文艺展演创造机会让每一个孩子参加，让孩子根据自己的特长与兴趣自主创建社团和自主选择课程等。这无疑是教育的一次革命性转折点。但是，在此种理念下的行为选择，孩子们在收获个性解放的同时，是否会弱化或忽略"乐群教育"的一些传统的优点？

理念的创新与进步毕竟是社会历史和政治经济发展的产物，是适应人的发展成长规律的。我们所期望的是，这两种育人理念向度之间的转换，有一种缓冲，或是一种过渡的东西，以更好地弥补新理念的某些不足，使学生的个性发展更加健全。

从事教育二十几年了，我的一些学生也都成了孩子的父母亲，按理说，整个社会的教育水平会不断地提高，但是事与愿违，孩子的不良行为仍然层出不穷。甚至有些孩子的家长还是一些名牌大学毕业生，却对自己孩子的不良习惯束手无策。我对当下家庭教育现状的评价，整体感觉是不如二三十年以前，有些有知识、有文化的家长并不比过去的一些没有知识和文化的家长更会教育子女。在此，我不仅仅是指学生的知识学习，更是指孩子的行为习惯和公民道德意识。当然，如果仔细分析原因的话，社会、经济、技术、信息等方面的因素或理由很多，也很复杂。

以吸引注意力的不良行为为例。孩子的此类行为一般有两个极端的特征：要么使出浑身解数分散你的注意力，要么表现为"推一下，走一步"，做事效率越来越低。对于这样的行为，你的情绪往往表现为生气、恼怒。在你提醒、唠叨、责骂或者伸出援手之后，孩子的不良行为暂时停止。这种行为反映出的问题是：平日里老师或家长过多地关注了孩子的不良行为，而不是良好行为，或者孩子没有学会如何恰当地吸引他人的注意。

如何积极地看待这种不良行为呢？这种举动的合理之处在于：孩子试图通过这种方式和他人建立一种联系，进而获得积极的认可。

为了避免这种行为的发生，家长和老师应该从积极的角度观察孩子的举动，发现他们的良好表现，给端正的行为以大量的关注，同时要教会孩子，适当地索要关注是合理的，他们可以直接索要。

我认为：好的教育不光要告诉孩子怎样做是对的，更重要的是要引导孩子自发地挖掘自己积极行动的潜能。我崇尚这种观点：我们无法改变任何人，除了我们自己。我们只能通过自己的行为来影响别人。为此，我也改变了我的教育和管理思维方式。在取得较好教育效果的同时，我却感受到了许多无形的压力袭来。要通过自己改变来影响他人，但是他人是不是也要自觉地改变自己来影响对方？当他们的直接索要成为习惯后，对权威的敬畏、对集体的敬畏、对规则的敬畏是不是就会被弱化了？更让我忧心忡忡的是，我们的家长、整个社会都需要教育牺牲自己作出让步的时候，我们的"差异"教育就走偏了，社会、家庭和个人的一些诟病仍然难以清除或改善。

值得庆幸的是，不少人、不少学校开始觉醒，意识到这是个问题。在网易教育频道我读到一篇文章，题目是《小留学生在美国：孩子到底缺失的是什么？》，里面的故事也许能够解释我们的担忧，提供给我们值得思考的命题。

第一次警告信：警告信的内容是孩子上课迟到。这件事情太小了，父母感到这不是孩子的问题，而是父母没有重视孩子的上课时间，学校有点小题大做。但是面对学校的管理规定，父母发现孩子迟到事情虽然小，班级不让迟到的孩子进去上课，则事关重大了。父母跟着孩子到学校的几个部门之间转悠了一大圈，让不同部门在警告信上签字画押，这些事情完成后，教室的门才再次打开让孩子进去。

第二次警告信：这一封警告信让父母的心情有些沉重了。学校图书馆规定：不得携带食物和饮料进入图书馆。这孩子明知学校有此规定，还偏偏带着饮料进入图书馆。图书馆老师发现后告诉他把饮料拿到外面去，可以喝完再进来。孩子听老师这么说，坐着不动，两眼看着老师，拿起饮料罐，挑衅般地一仰脖子把饮料灌下肚去，然后看老师怎么办。这孩子在挑战学校的传统校规，挑战老师对学校规章制度的维护管理权威力。警告信立刻发出，根据以基督教精神管理学校并制定学校规章制度的条例，认为这孩子的灵魂中似乎哪一块地方有缺陷。作为基督教的私立学校给予的惩罚是，除了家长陪同去一连串的部门签字之外，还要求这孩子在周末的时候到学校教堂的忏悔室去静思。

小留学生父母观点：无奈于学校的规章制度过于严苛，限制了孩子活泼的天性和独立自主、破旧立新的大胆创造性，更担心之前在国内学校读书时大胆自信的孩子在这里撞到头破血流、萎靡不振而影响未来个人前途和发展。

作者观点：为什么这孩子就不能想想校规不是针对他一个人制定的，而是为了维护良好的学校秩序对每一位学生都如此？为什么这个孩子就不能服从校方的严格管理以达到校方首先培养合格公民的教育目标？为什么就不能对老师说声对不起，然后拿着饮料出去喝完再进来？为什么非要对抗学校制度而不是去遵守制度，让自己的学习生活变得别扭？

目前国内那些优越家庭出来的孩子，在成长过程中最缺乏的是一种敬畏的教育，这个敬畏教育包括对维护社会、学校、公共场所秩序所制定的规章制度的敬畏，对社会公德及公权力的敬畏，对法律的敬畏，以及对他人的权利和生命的敬畏。他们甚至不认为这些规则和要求是维护社会秩序和各阶层群体和谐生存的需要。他们不理解一个成熟社会对人们的规范要求，不理解被称为超级强国的美国的学校这样约束一个未成年孩子的原因是什么，他们现在还无法把孩子无论贫富均统一严格要求理解为训练未来合格公民的过程。

说句实话，不仅仅是来自优越家庭的孩子缺乏敬畏教育，我发现即使来自普通家庭的孩子，也不断出现不敬畏规则、公德、法律和生命的现象，同样非常需要敬畏教育。我认为，如果能够理解上文中作者的观点，并采取一些行动，学校育人目标的转型应该会得以有效过渡。如北京市育英学校、山东省潍坊十中通过学生代表大会（有的学校家长委员会也会参与），在充分尊重学生的民主权利的基础上，广泛征求学生或家长意见，通过并实施《学生惩戒条例》，使得管理学生的不良行为习惯"有法可依"，且"有法必依"，就是一种很好的"敬畏教育"行动。可惜，在中国的中小学校，能够想到采取这种做法的学校并不普遍。

文章写至此，我仍然还有丝丝忧虑：学校的有些部门和教师是否能充分理解这一方式，他们的执法意识和能力是否能够达到美国那所学校的力度和细致？也就是说，当学生在挑战学校的传统校规，挑战老师对学校规章制度的维护管理权威力时，教师是否能够公正公平地严格执行"条例"所规定的规则？我也怀疑部分学生家长是否对学校开出的"处罚单"最终能够认同和支持？

在中国，缺乏的就是这种"敬畏文化"，"敬畏教育"任重而道远，新育人目标下的教育行为选择当慎重，且慢行，等等"敬畏教育"。

第五节　回归学习者的内在生命运动

大家可能不会否认,长期应试教育下,大量的加班加点、大量的考试训练、大量的课下作业就像"三座大山"在压迫着学生们,而这种教育生态,严重破坏了真正意义上的师生关系,成绩分数成了维系师生关系的主要手段,情感、人格、兴趣、个性、民主等被忽略了,师生关系因此变得异常紧张,甚至被异化了。那些学生不尊师、教师体罚学生的事件在此就不提及了。我认为,只有回归学习者的内在生命运动,才能让师生关系更加融洽,回归到它本来的面貌。

美国布什政府提出的"不让一个孩子掉队"的教育改革计划,其缺陷表现在一心只专注那种可以用标准化测试来度量的学习,这样一来,很自然就把所有无助于求得高测验分数的科目和技能——诸如音乐和艺术等所谓无用的科目,以及探索在书本上或教师指南中找不到答案的问题的技能,都一律排斥在外了。

其实,我国"应试教育"下的种种教育弊端,也无非如此。回顾多年来我国中小学轰轰烈烈的教育改革与创新,为了规避上述教育弊端,可以说教师、学校、各级教育主管部门和教育研究部门等都从多方面、多角度进行了大量的探索实验,却总是感觉到方法捉襟见肘,效果不甚理想。甚至有些顽疾,如学生课业负担、课程创生自觉、教师职业倦怠等方面的问题长期无法解决。

于是,关于教育方面的抱怨如同雾霾一般,铺天盖地,让人无处可逃,窒息得连自由呼吸也感到困难。作为一名普通的教育工作者,真的是体会到了什么是无助,什么是自责。相对于整个的教育世界,个人的存在意义和价值似乎显得太渺小了。

不管是反思美国的《不让一个孩子掉队》法案下的教育和中国的"应试教育"下的教育的诸种弊端与不足，还是感悟近几年的各种教育改革与创新的行为与价值取向，我感受到的是我们的教育正在逐步走出混沌状态——"教师为测试而教"，普遍在寻觅"教师是为满足学生的真实需要而教"这一根本性、原则性命题。一旦教育的内定政策转型为"为满足学生的需要而教"，改革的焦点就要放在尊重学习者的心灵自由释放，回归学习者的内在生命运动上。

教育的本质是人的发展，是人与人之间彼此心灵的问候，而不是不得不使人就范于某一方案、某一模式、某一轨迹，却丧失了个性与自我。缺失了个性与自我的教育和学习，自然就没有心灵自由的表达，心灵和精神的需要被无情地砍伐鞭挞，因此，教育的各种异端，违背人性的思想和行为就会萌发出来。

我想，追求一种遵循内在生命运动的教育，完全没有必要事事依赖或听从行政的命令或专家的引领，更不能抱怨我们生活在"无过即是功"为生存法则的社会里。其实，真正在一线做教育的人，他们清楚教育是什么样子的，他们知道应该怎样做真正的教育。我们应该自觉地从"理想与现实的悖论"和"应对与逃离的纠结"中走出来，在新时期做一名心灵自由、精神高贵的老师。如此，教育还需要"狠抓"吗？学习还需要"硬灌"吗？教师还需要"管制"吗？学生还需要"圈养"吗？

在自然界中，任何生物都需要有适合自己生存栖息的环境，否则，它会慢慢被大自然淘汰。同样道理，对于学生，是需要学校为他们多彩的生命提供栖息之地和生长环境的，如果孩子在学校里从没有碰到过让自己内在生命运动的境地，他的成长是有缺憾的，是病态的成长。

北京市育英学校的愿景是"办一所让孩子不愿回家的学校"。当你身临她的校园，你的激动会接踵而至，你会被自然地拉回童年时代，你会发现到处都呈现出让生命律动的场所和元素，这个校园应该叫学园。

走在校园里、走廊里，你会时时处处感受到传统经典文化的熏陶；步入银杏树林，便见到一些散落有序的石桌石椅，学生可以在此谈心、休憩、读书、下棋、嬉戏；漫步在果树园，学生可以研究各种植物，欣赏春天的花朵，体验秋天的收获；还有学生农场里生长着的麦子、黄瓜、油菜，动物园里可爱的兔子、鹦鹉、鸽子，水池里自由的鱼儿……

如果想读书的话，小径旁、走廊里、景点处，随时随地就可以选择一本喜爱的书籍，坐在亭子下、花树旁、草地上、石水边的木头椅子上阅读；如果想展示自己的才艺时，校园里有多处设计独具匠心可供表演的温馨展台……

社团招新了、育英大讲堂开讲了、校园吉尼斯挑战赛拉开了序幕、选课走班推行了、上百种选修课程启动了、教育时评应势更新了、学代会修订通过的《学生惩戒条例》施行了……这些便是育英学校的学生每天生活的常态。

当休闲、读书、游戏、研究、展示、民主、服务等原生态的成长元素能够在校园里找到滋生之地时，当个性、兴趣、心愿、激情等能够在校园里自由绽放淋漓发挥时，当每个人的行动都能在校园里有权利、有机会选择时，这样的校园就变成了有生活力、有文化力的校园，在这样的校园里，学生的内在生命和精神才能得以捍卫、尊重和解放。"最美校园，做最有价值的教育"，将不再是一句理想化口号，而是一次真真切切的、踏踏实实的教育实践与探索。

苏霍姆林斯基说："学习要在一种多方面的丰富精神生活的广阔背景下进行。"育英学校的课堂学习也在发生着静悄悄的革命。

大家都明白，现在的教师不再是纯粹的知识传授者，因为现在学生的学习不仅仅发生在学校的课堂里，原先一个个学生安静地认真听老师讲解的场面很难再现，思维活跃、敢于表达自己观点、勇于展示自己个性的学生让课堂变得难以驾驭。

因此教师也必须是一名学习者，其担当的角色也需要与时俱进。在新的课堂生态下，育英学校的老师开始变成了教学和课程资源的整合者，他们的任务主要是管理时间和空间，整合教材、提供课程；他们还是学生情感的点燃者，是学生好奇心的守护者，是学生兴趣的引渡人和发现者，是自主管理智慧的提供者和服务者，是帮助学生运用工具对接学习资源和自主学习的创领者。

育英学校追求的是"从学科走向课程，从教学走向教育"的课堂，是理性和人文的课堂。这样的课堂，是学习者自己的课堂。学习权利还给了学生自己，学生能够在课堂上进行自主、合作、探究、体验式学习。管理职责由学生自己负责，让学生"人人有事做，事事有人管"，呵护学生尊严，尊重学生想法，宽容学生错误，顺应学生成长的规律解决问题。

这样的课堂，也许用"因材施教"已经不能完整诠释它的变换和图景了。《学记》中的"教学相长"、杜威的"教育即生活"和陶行知先生的"教学做合一"，我想，这些伟大的教育思想应该能够帮助解释我所想阐述的主题意图吧。

当师生都对自我生命有了承担，把学习当作自己的兴趣，"独立、自由与创造"这三种精神不再借由外在的控制力来实现时，真实的教育生活就凸显了，学习者会去自觉追寻自己的内在生命需求，教师的世界和学生的世界在这样的环境里相遇后，会共同走向一个新的世界。这样的学校，师生关系怎会不融洽？

第四章
如何与学生家长合作

自我修炼要点:

1. 鼓励家长要有勇气与老师沟通

2. 提醒家长冷静地与老师交流

3. 建议家长与老师的观念要保持一致

4. 为家长创造自我成长的环境

5. 教师家长齐行动,享受解决问题的乐趣

本章导读

孩子开始上学了，作为孩子的父母也就变得紧张起来，因为大家都有望子成龙、望女成凤的心愿。从此，如何成为孩子的学习合作者便摆上了"新父母"的日程表。我为何提出"新父母"的概念？因为孩子进入学校后的生活与他们幼儿期时是很不相同的，家长自身、家长与孩子的老师以及与孩子之间的关系会有很大的变化。而这些变化，多数父母是完全没有准备的，其中会有很多很大的变数，父母和孩子一样，需要接受训练。因为一次不谨慎、不经意的错误言行，可能会影响孩子学习的情绪，甚至会抹杀他们的学习兴趣和信心。但是，不少家长却不明白这些道理。

我不建议家长纵容孩子，也不建议家长惩罚孩子，我建议家长在孩子的求学时期学会如何成为孩子的合作者，有方法了解他们，有能力引导他们，当孩子在学习生活或其他方面有麻烦时，家长能够作出恰当的新回应，发展出有效的新态度，为和孩子的和谐关系开创出新途径，从而助力孩子持续健康地成长，而不是留下遗憾，甚至是徒有忏悔。但是有些家长却在自己的孩子面前感觉无能为力。

作为一名年轻教师，应该了解家长的这些心态，明白其中的观念与道理。如此，才能与学生家长建立起良好的、有效的合作关系。下面我就以自己作为一名父亲是如何与老师交流，作为一名教师是如何与家长沟通，以及作为一名校长是如何处理与家长的关系为案例，阐述一下教师应该如何与学生家长合作，如何引领家长与老师合作。

老师与家长的合作没有固定的模式，也不会有现成的可以复制的经验，但是只要明白了其中的交往原则与合作规律，应对好其中的矛盾与可能发生的问题，寻找到适合的合作良策与问题解决之道，是不会有难度的。

第一节　鼓励家长要有勇气与老师沟通

据我多年的观察，我发现有不少家长只在学校组织家长会时才走进学校和班级，而家长会结束了，便悄然离开了学校。这样的家长大约占一个班级的半数以上。问及原因，多数家长会谦虚地说怕麻烦老师，有的说老师已经说明了孩子的情况，也有的是因为孩子表现不好、成绩较差而不好意思再去过问。

在平时，能够主动给老师打电话或发微信联系的家长也只是占一部分，还有不少家长没有勇气走进学校或是通过电话与老师沟通。为了自己孩子的健康成长，家长们要有勇气与老师有效沟通。

我经常向我学生的家长介绍我作为一名父亲是怎么做的。每个学期我都会多次主动走进老师的办公室，甚至到家中去拜访老师，向老师表达对自己孩子多加关注的感谢，与老师一起交流孩子在学校以及在家中不同的表现，然后达成共识，一起有的放矢地引导鼓励孩子。这样，家长才能及时了解孩子在学校、班级和课堂上的表现，老师也能及时了解孩子在家里的表现，以便更好地、有针对性地与孩子合作。当然，这种与老师的见面最好不要大张旗鼓地对孩子说，家长不能，老师也不能，这需要双方配合默契。因为教育有时需要保守秘密，切不可用与老师见面或与家长见面来威胁孩子。

比如我儿子刚上小学一年级时，第一次期中考试考了全班40多名，处于下游水平。老师告诉了我孩子的成绩，我当然很着急。于是找老师分析，老师说，孩子学习很认真，也很要强，但是年龄太小，原先又没有基础。我儿子幼儿园就上了一年，小一入学年龄5周岁半。我明白了，回家看到泪眼汪汪的孩子我没有责怪他，我说："孩子慢慢来，我和妈妈帮你。"经过我与妻子及老师耐心引导，孩子的成绩慢慢在提升。小学一年级，由于孩子的年龄、发育以及在幼儿园养成的习惯、家庭教育环境等因素的不同，在学习成绩上会表现出差距，这就需要父母多与老师沟通，老师就会多关注他，孩子的信心就不容易被临时的落后挫败。否则，因为家长着急，会采取不恰当的措施，老师又不了解家长的情况，孩子很容易落入边缘生和后进生的队伍。对于这些道理，看似简单，但是多数家长看不清其本质，作为教师，要及时与家长沟通，向他们讲明白这些道理，加强合作，帮助孩子顺利度过这个不确定的时期。

儿子上初中时，英语成绩不算理想，当然主要原因在我，因为我是英语老师，在辅导孩子时心急，不够耐心，有时会批评孩子，这挫伤了孩子对英语的学习兴趣。因此，辅导孩子时，切记要有耐心，多鼓励，不要批评。我与孩子的英语老师沟通了一下，知道了孩子的薄弱地方是不愿意背诵英语，理解得快，却懒得动手动口。我与英语老师达成共识，一是希望课堂上多检查他背诵、说英语，二是课下给他额外布置些阅读文章的作业。当然这都需要秘密行动，孩子是不知道的，他还以为老师在多关照他呢，回家还高兴地说，老师很器重他。

孩子上高中了，我选择与班主任老师密切合作。班主任老师总是在第一时间把孩子的成绩发给我，还时常把孩子的表现告诉我，他总是说："你家孩子很优秀，朋友很多，热爱班集体。"基于班主任老师给我的信息，我心里不再焦虑。其实，父母的焦虑会很影响孩子的情绪，在孩子面前，父母任何时候都要表现出举重若轻的态度。一次，孩子回家说他的同位爱说话，很影响自己的学习。我说："你与同学要好好沟通。"但是孩子表现得非常气愤。我说："你向班主任老师说明一下原因，看能不能给你调调位置。"我不知道孩子是否与班主任老师沟通过，我向其班主任老师透露了孩子遇到的困境，当然没有要求立即为孩子调位，因为当班主任遇到这种问题时，如果立即单独为孩子调位会影响整个班级工作的。但是两周后，孩子回家高兴地对我说："我终于调离了那个鬼地方，可以安心地学习了。"我知道是班主任在合适的时机帮助了孩子。

我做校长时，经常发现一名初一学生的家长走进班级和教师办公室。后来我主动问这位家长："你孩子表现不错吧？"她说："孩子经常不能完成作业，经常忘记带东西。"我笑着说："一名经常忘记东西的学生，背后肯定有一个为她送东西的家长。"她点了点头，问我："这咋办啊？孩子表现越来越差，现在经常拖拖拉拉不来上课。刚来学校做班长时很积极，现在班长被撤了，孩子说同学们都不理她了。"我明白了："别着急，你先改变自己，不要什么事都包办，让她明白学习是她自己的责任，她身边没有朋友了是自己造成的。"这位家长还每周到学校图书馆读书做义工，我被感动了，安排教务主任与孩子的老师们沟通，以后在各个方面多鼓励孩子，孩子还做了教务主任的小助理。我鼓励家长要勇敢地与班主任沟通，原先家长不想与班主任沟通的原因是怕班主任老师想多了。我说："别怕，老师都希望家长多与自己沟通，我建议你晚上找个时间去班主任家一趟，表达自己的感激之情，同时把自己的困惑与老师交流一下，共同找到一个合适的办法。"她按照我的建议做了，第二天晚上她给我发微信："谢谢校长的建议，孩子这一天很高兴。"看来是班主任改变了与孩子的交流方式。其实，孩子问题的症结是与班主任之间产生了误会，即使班主任对她再好，因为沟通方式的问题，孩子反而会想多。解铃还须系铃人啊。

因为孩子，家长和老师才联结在一起。家校关系本质上是两种关系：消极意义上的契约关系和积极意义上的合作关系。如果想要让这种合作关系变得有意义，让合作关系变得彼此信任，带来持续的发展，我们要鼓励家长鼓起勇气走进学校，多与老师沟通，当孩子遇到问题时，多听听专业人士的建议，切不可断章取义，凭自己的想象管教孩子。那些从来不关注自己的孩子，仍然认为"树大自直""教育是学校老师的事"的家长们，总是以"不好意思"或以"没有时间"为借口远离学校和老师，这是对自己孩子的不负责任的态度和行为。

需要注意的是，沟通要建立在充分尊重彼此的时间安排和沟通习惯的基础上，这需要一个磨合的过程，否则，会给双方带来麻烦或引起情绪上的不悦。日常沟通方式可以灵活一些，比如可以是微信、QQ、短信或家长信等。

不要抱怨家长不愿意或不会与教师沟通或合作，因为家长们并不十分明白学校的语言。他们也不会十分清楚地理解教师的语言，要想家长主动与自己合作，让家长与教师之间的合作变得自然，变得有效，作为教师，需要经常鼓励家长鼓起勇气走近教师，弄清楚家长与教师之间的关系边界，耐心地教会家长与教师合作的一些技巧。

第二节　提醒家长冷静地与老师交流

我相信大家听说过不少这样的案例：因为老师管教孩子，也许是管教过度，也许是管教方式不恰当，孩子回家告诉了家长，家长不分青红皂白，单方面听从了孩子的一面之词，一气之下把老师告到校长或者教育行政部门，要求老师向孩子道歉，甚至有的家长还跑到学校，当众侮辱老师，对老师大打出手。这样，家长是为孩子出了口气，但是老师的形象却被彻底抹黑了。家长在发泄后，是否想到了孩子此时的心情？是否考虑到这实际上是害了自己的孩子？以后还有哪个老师敢管自己的孩子？我相信所有的老师都会躲着孩子小心行事。其实，更为糟糕的是，败坏了自己的家风，尊师重教的优良传统被这种家长给无情地浇灭了。

当校长多年，我曾经几次领着老师或独自到学生家中当面向家长道歉，每次我的心情都是非常沉重的，就算是老师的错，家长也不应该以各种方式要挟学校和要求老师道歉，而应以更好的方式来解决问题。遇到这样的家长我真的无能为力，只好服软，以求抓紧把事情大事化小，小事化了。

我当班主任时，每次开家长会，我都会列举一些案例，提醒家长们，如果与某位老师之间有矛盾或者是对学校的某些管理有意见，一定要先与我沟通，或者直接找学校的相关管理人员，甚至校长都可以，然后一起采取恰当措施，来解决发生的矛盾或出现的问题，最好不要采取直接越级上访上告的方式。

我自己的孩子在上学期间也遇到过一些麻烦。比如孩子上小学三年级的时候，班主任按学校的要求告诉孩子们，谁能在期末考试考得最好，谁就有资格去省科技馆参观。孩子很努力,结果真的拿了个第一名。一天下午,孩子哭着回家:"爸爸,我考了第一名,但是老师不让我去科技馆参观。"我当时就有点疑惑,与孩子班主任沟通。班主任老师说:"我也很生气,这对孩子是多么的不公正。"原来,这一年我调动工作就要离开该地,孩子是考了个第一名,但是是并列第一名,校长决定,因我要调走了,这个名额不给孩子了。我非常生气,就给校长打了个电话,校长说已经定了,车子放不下。我也没有办法了,如果那时我去学校大闹一场,也许事情就会解决,但是我想让我的孩子懂得理解他人,做一个善良的人。我对孩子说:"孩子,这件事情是学校做得不对,与你班主任老师没有关系,因为你是并列第一名,而每个班只允许去一个,他们又参考了你以前的成绩,可能你以前的成绩不如你的同学好吧,因此你不能去。"孩子最终算是理解了,这件事勉强应付过去了,我却留下了深深的忏悔,我向孩子撒谎了。有时教育孩子需要善意的谎言,这些谎言我可能一辈子都不敢向孩子说起。但是,我却帮孩子的班主任老师摆脱了尴尬境地,记得当时,孩子的班主任黄老师不断地向我道歉。

作为教师,在学期初分班时,可能会遇到有些家长总是想方设法托关系希望孩子进入所谓的好班主任、好老师的班里。甚至有些家长还要求学校把他们认为不好的老师从自己孩子的班里调走,我们理解这些家长的心情。我作为校长,我自己的孩子在哪个班,这个班的老师我都有办法调整,但我没有这样做,他分到哪个班算哪个班。如果他遇到薄弱的班主任或学科老师,我都会让孩子妈妈多与老师交流,希望老师多关注孩子。此时父母就应该起到自己的作用了,哪个学科薄弱就应该想办法鼓励孩子自己多下功夫,找合适的老师为其补补课。教育孩子,学习的最高境界是自主学习,有好的学习方法,再加上自己的勤奋,老师只是起到帮助的作用。我孩子除去英语因我的原因较差之外,其他学科的成绩都不算差。当然,我不否认好老师的作用,一名好老师会影响孩子一生,但是如果万一没遇到好老师,就要从自身找途径。有的家长可能会说:你自己是老师,你会辅导自己的孩子。说句实话,我从孩子上学开始,就不再主动去帮助孩子,我告诉他:你不会的可以来问我。因为你如果过于主动去帮孩子,孩子会有依赖，会认为学习不单纯是自己的事情。当然，我妻子帮助过孩子，是因为他的数学在某一个时期不好，妻子买了一本参考书，孩子每晚完成作业后，按我妻子的安排做一道题，这样坚持了一个学期，孩子的数学成绩有明显的提高。我们都没有去抱怨老师，孩子想学会学比啥都重要。

有一位家长向我反映："某一个学科老师布置给孩子一个作业，并要求做成课件，我都参加孩子的任务了。但是令孩子们沮丧的是，该老师对此作业没有进行展示评价，不了了之了，我非常气愤，这对孩子的积极性会有多么大的打击啊。"我连忙说："是的，谢谢您的意见，我会作好调查，以后要求教师不能再这样做了。"该家长说："你知道就好了，我只是反映情况，你也不必要找这个老师。"其实这个家长明白，我肯定会在适当的场合处理这件事情的。后来这个家长向我提出一个要求，希望学校给一个空间，他们几个家长轮流值班，看着孩子把当天的作业在学校完成。我欣然同意了，把学校的一个会议室交给了他们。

还有一个案例，是在育英学校我教初一时发生的。在一次体育课后，六班的两名同学打了我班的一名男生，把脸和腿打伤了。事情首先由年级主任主持解决，把两位家长叫在一起，六班班主任也参与了，但是我班家长不同意结果，不仅仅要求对方家长道歉赔款，还要求学校给予肇事学生全校通报批评。最后年级主任找到我，请我出面解决一下。于是我与家长沟通，谈到了孩子的英语问题。我说："我周末为你孩子补补课吧，你可以送他来教室，我保证每周都为他辅导。"这位家长被感动了，说："打架的事你说怎么处理就怎么处理吧。"

上述两个案例说明，只要家长能够善解人意，孩子的问题会得到学校和老师们的更多帮助的，表面上是有些损失，或面子上有些挂不住，但是对孩子的后期成长是有积极影响的。

你可以把以上案例讲给家长们听一听，目的是让家长们明白，孩子在学校，不是一个人的世界，他们会与老师、同学交往，而学校和老师的一些做法也不一定都非常恰当。当孩子遇到不公正对待或遇到不应该发生的麻烦，希望家长能控制住自己的情绪，通过合适的渠道和方式找准原因，基于理解双方的思维路径,找到一条有利于自己孩子改变和进步的方法,而不是带着一定的情绪,图一时的痛快,草率解决问题。如果你真的替孩子着想的话,一切问题都好解决。反之,当你不首先为孩子着想而去草率处理问题时,说得严重一些,你是把孩子推向了"地狱"。

家校之间,多数的冲突是缺乏沟通导致的。教师要让家长知道,出现矛盾和问题时,他们可以遵循怎样的流程去沟通和解决,包括教师层面、学校层面和法律层面。这样更有助于问题的解决以及最大限度地避免副作用或反作用。教师还应让家长理解教师这一职业的特点,教师不是万能的,他也需要成长,对一个成长中的人的接纳是十分重要的。

当然,教师也要明白地告诉家长如何对待教师的错误。如果是底线性的,或者是人格性的,则要高度重视并作出反应,并按一定流程清醒地解决。但多数错误是由能力、精力导致的,则要防止过度反应,而更应该理解、接纳、沟通、提醒、协助、等待。如果教师的一点小过失家长都不依不饶,那么教师就会以避免错误作为应对策略,这是很可怕的。

作为教师,要告诉家长们一句话:有些问题孩子是有能力自己解决好的,我们不要随意剥夺他们自己解决问题的权利。当孩子需要我们出面时,我们再去帮助孩子。

如果家长认同了你给他们的观点与建议,当家长与你交流时,或者是处理矛盾时,家长就能够尊重你的建议,平静地与你沟通,一般情况下,不会出现非常麻烦棘手的问题。

第三节　建议家长与老师的观念要保持一致

家长在与老师合作时保持观念的一致性非常重要。如果家长不能理解和认同老师的观念和行为，形不成育人的合力，教育效果会大打折扣，甚至会呈现一些负能量。我还是通过正反两个案例来解释我的观点。

首先我列举一个正面的案例。我班同学李某的家长，一天晚上给我打电话说："老师，你到底用的什么方法，孩子原先不喜欢英语，现在怎么回家大声读英语了？"我说："你的孩子很优秀，我是她的倾听者，我尊重了她的兴趣，是她的忠实读者。"这位家长说："那我得改变自己啊，你教育了我，惭愧啊。"原来，这个孩子喜欢写剧本，但是家长认为她不务正业，就不断禁止她，像警察一样监视她的活动。自从我与家长沟通后，家长变了，孩子也总是把她新写的剧本第一时间拿给我看，我会赞美一番，并借机再引导她的学习。下面是我给她写的寒假评语："你有伟大的兴趣，但兴趣的发展需要扎实的基础知识和卓越的学习成绩。我永远是你忠实的第一读者，你妈妈也会支持你的。"

第二学期开学第一天，这位学生笑着跑过来说："老师，老师，您看，这是妈妈帮我做的。"原来在假期里，她妈妈与她一起把她写的几个剧本打印出来，并装订成册，我看到她兴奋极了。你看，这位家长很好地理解和认同了老师的观念，并且进行了创造性的配合，表现在孩子身上，呈现出了家长期待的理想状况。

下面是一个反面案例。有一名姓张的男生，智力很好，爱好广泛，有较好的表演才能，可就是太顽皮。课堂上，他不是自己在玩一些东西，就是想办法影响身边的同学；课下，他打打闹闹，喜欢搞恶作剧。其实，我明白，他是想引起他人关注，来争取自己的归属感。家长也表现得很关心孩子在校的情况，还特意邀请我去他家家访，因此我经常通过微信或电话如实地把孩子的表现反馈给家长。有一天早晨，我发现这名同学拿着其他同学的作业在看，我走过去轻轻地把另一位同学的作业拿走了。课间，我给该同学家长打电话，委婉地说明了情况。但是这次，该家长表现得不够冷静，说我这是侮辱她的孩子，并且她要求我在学校等着，她要来与我谈谈。来学校后，她说："我得给您提提意见，您过多地关注孩子的学习，对孩子过于严格，忽视了孩子的其他爱好与活动。我们家长只有这一个孩子，我希望他能快乐。孩子的学习成绩不用你管，到时候我们家长会想办法的。"我小心地赔着笑脸，连连说"您说得对"，把她送走后，我陷入了疑惑。

　　几天后，她主动给我打电话问孩子的近期表现，我说："您的孩子表现得很好。"她说："老师，是不是上次我找了您，您不好意思说了？"我礼貌地说："不是，真的表现很好。"我可是一名有经验的老教师了，我非要用这种不表态的方式惩罚她一下。当然，我对学生的关爱仍然如以前一样，这是做一名教师的良知与底线。后来我发现这名学生见了我总表现得不自然，看来孩子知道了这件事情。说实话，该家长的处理方式是很影响孩子的正常进步的。

　　有的家长有时表现得太心急，把对老师的不满或不认同不自觉地在孩子面前表现出来，甚至用一些诸如"老师太死板、没出息、太较真"等词语贬低老师，这样，即使勉强能与老师的观念保持一致，孩子也会认为是虚伪的。说句实话，如果家长有这种思想，也不会真诚地、真实地与老师平等沟通的。俗话说："亲其师，信其道。"作为家长，要做尊师重教的模范，尊重孩子的老师，尽力与孩子的老师保持教育观念和行动的一致。

　　当然，与老师观念保持一致，并不是希望家长对老师言听计从。如果某些观点不一样，可以寻找合适的机会，相互沟通达成基本一致。比如，我班一名女生，上课时总是在练习本上画画，我提醒多次她就是不听。一次，我请她把练习本放起来，认真听课，她根本不理我。这次我生气了，把她的练习本夺过来，一不小心给扯烂了。估计孩子回家跟家长说了这件事。家长晚上给我打电话说:"孩子做得不对,不够尊重老师。"我连忙说:"是我不对,我做得有点不妥。"家长说:"孩子很不高兴,你可以用其他方法处理这个问题,不该撕掉她的练习本。"我急忙说:"我已向孩子道歉了,谢谢您的提醒。"这件事,触发我以后改变了不少不恰当的教育方式,我很感谢这位家长开诚布公的提醒。

孩子上高中时,学校老师总是采取题海战术的方式来提升教学成绩,当然我不认同。为什么我不说初中呢?因为孩子上初中时是在我做校长的学校里读书,那时,我提出了"零"作业的教育理念,想办法不让老师随意布置过量的课下作业。那么我是怎么解决问题的呢?说句实话,对一所学校的管理方法,家长是很难干预的,我知道孩子班主任比较认同我,我就有时到他办公室与他聊天,互相交流各自的观点,我不知是否能够影响到孩子的老师,但是起码我做了自己的工作。我认为最重要的,还是要帮助孩子管理好自己,课堂效率是关键,时间管理是根本,心理调适很必要,身体健康是基础。

另外,建议家长如何与老师观念保持一致时,不要忘了建议家长还需要夫妻之间的配合,都要认同老师的观念,并且采取一致的行动。夫妻之间要经常交流,对孩子的老师的做法要达成一致意见,全力支持。除去在孩子面前要注意赞扬老师的优点,教育孩子要尊重老师的劳动外,还要适应不同老师的教学和管理风格,有问题多与老师沟通。同时,应一起,甚至是联合孩子同学的家长,一起为班级做些事情。在此,我的意图不是让家长去行贿老师或请老师吃饭,这种事情对孩子不会起多少作用,甚至有时还起反作用。有的家长还喜欢带着自己的孩子一起请老师吃饭,我认为这是一种愚蠢的做法。我比较欣赏以下这些做法:有的家长到学校帮助值班打扫卫生,有的家长到学校参加听课评课,有的家长到学校或班级为学生开设课程讲座。如果家庭经济条件允许的话,也可以为班级做一些捐赠:比如,我有一个家长为了防止孩子下午不能及时记下老师布置的作业,在网上为班里订购了一张电磁黑板;有一个家长担心雾霾天气会影响教室内的空气,为班级捐赠了一个空气净化器;学校开运动会时,要定制统一的文化衫,家长们立即行动起来,亲自开车去购买并送到班里;有的家长还自愿率领孩子们为贫困山区孩子捐赠衣服等。这些活动不仅表现出家长对老师工作的认可和支持，家长还通过自己的行动，给孩子们种下了公益和善良的种子。

　　家长与老师的观念保持一致，需要家长去努力，这一观点在上述我列举的几个案例中已经阐述得很清楚了，但是，更需要老师来主动引领家长。家长与老师的合作要做到合情合理表达诉求。在这个过程中，希望家长注意避免如下错误：忽视，甚至是无视孩子的感受；忍耐，不想或不敢得罪老师，结果助长了不良行为；反应过激，老师的无心之失或轻微过失被抓住，不依不饶，最终破坏关系；不以合乎程序的方式解决问题，结果导致两败俱伤的局面。合情、合理、合规，在尊重对方的基础上表达感受与诉求，以求解决问题，这是一种智慧。

　　最重要的一点是：要想家长做一名理性智慧的家长，老师则要首先成为一名理性智慧的老师。

第四节　为家长创造自我成长的环境

一次家长会上，我告诉家长们：在孩子上学以后，我们的烦恼会接踵而至，孩子不再像以前那样听话了，孩子的成绩总是让人担忧，孩子老师又通知我们去学校一趟，孩子早恋了，等等。我们经常不知道该怎么办。

其实，大家必须明白一个道理：今天，我们如果仍然仿照我们的老一辈的教育方式来教育我们的下一代，已经不会再起多少作用，甚至会徒添更多麻烦。当今的社会，是一个人人平等的社会，我们不能控制和命令别人。平等就是每个人都有为自己作决定的权利。父母亲失去了对孩子的统治权。

同时，现在孩子的学习和生活方式也与我们以前大不一样，在"互联网+"时代，电脑、手机等成了生活必备工具，孩子视野开阔、思维活跃、见识广泛，学习也不仅仅发生在课堂里，不仅仅依靠课本才能学习。在有些方面，我们成年人还要做孩子的学生。

传统的方法已不适用于今日，而同时，我们还没有学会新方法，到底该怎么办呢？

我跟家长们说："改变不了别人，我们能不能改变自己呢？"其实，与孩子能够好好合作的关键正是在于学会如何改变自己，不必煞费心机去向他人学习一些诀窍或秘籍。

我会永远记住我儿子对我说的两句话。一句话是孩子在童年时期说的：你都说话不算数还管我？另一句话是他在大学时说的：你才读了几本书，还想与我交流？其实，我本人是很注重学习的。不仅每天学习自己的专业知识，还热心家庭教育的研究。从孩子一出生，我和妻子就养成了读书的好习惯，一直坚持到现在，并且还要坚持下去。这样，既为孩子做了表率，也实现了自己的成长，成就了自己的事业。

很多家长总以为自己是成年人，比孩子懂得多，自己是父母，孩子理所当然听自己的，这是大错而特错的认识。家长一旦有了自己的孩子，就需要好好地陪伴孩子，而高质量的陪伴，就是做好自己的事业，追求自己生命的不断成长，这样才有资本与孩子交流沟通。让孩子读书，自己却不读书，这是在欺骗孩子，强迫孩子。我建议，每一个家庭，都应该成为一个书香家庭，让读书成为家庭生活的常态。当我们去南方一些古村落参观，会经常看到"耕读之家"的匾额。我希望每个家庭都有一个书房，一个书橱，有藏书，有半小时以上的家庭读书时间。

下面我以我校组织的一个"家长读书会"为例，谈谈家长自我成长的可能性与必要性，尤其是想和大家分享我引领家长实现自我成长的故事。

2017 年，我校发生了一件奇怪的事情：每周三下午与周六上午，有十几个家长到学校图书馆读书，周六时还有同学来学校大门口接在学校读书的妈妈。

原来，为了增强学校与家庭的合作，帮助家长提升家庭教育水平，在学校和家委会的联合倡导下，成立了一个"育英家长读书会"。我没有想到，这些平时只专注于做家务、习惯于侃大山、逛商场的家庭主妇们，开始充满勇气地走进学校，安安静静地、虔诚地在阅读着。听听她们的阅读感受吧。

昕然妈妈说："不如孩子成长得快，所以，我要读书。"

启沂妈妈说："做孩子欣赏、崇拜的家长，这样，在孩子的青春期和孩子沟通的时候，孩子更愿意倾听，而不至于你说一句，她顶回来八句。"

我相信这些家长会坚持下去，更相信越来越多的家长会加入阅读会，因为家长也是渴望成长的，他们渴望与孩子好好地沟通，愿意与孩子平等地交流。他们都明白一个道理：如果自己不成长，就会失去自己做家长的有效期，就会失去与孩子心灵交往的关键期。

我有时也会参与家长会读书活动。我对家长们说："教育的本质是父母的修行，读书能建立一个良善的家庭，让孩子在其间能健康地成长。以书为友，学会在阅读中经营人生，让读书成为一种生活态度。热爱读书，热爱分享，'读书会'就像邀请大家来喝一杯茶一样，让读书分享成为大家的一种生活方式，成为育英学校的一道靓丽风景。读书也需要大家投入时间和精力，需要坚持，找到属于自己的一片天。孩子的阅读习惯一旦养成，就会受益终身，不断进步，潜力无穷。'读书会'还能带来与人交流的机会，在平等的氛围里，表达自己的思想，聆听他人的观点。"

我感动于读书会坚持下来了，更让我感动并惊奇的是，在他们的成长欲望被点燃起来的同时，他们的育子观也发生了意想不到的变化。

启元妈妈说："家长放松心态，走进孩子的内心，接纳孩子，找到共同语言，感恩孩子，孩子是来成就我们的。"

子健妈妈说："教育自己的孩子是你最重要的事业。"

柳江南妈妈说："拿什么感谢你，我的孩子。"

田惠妈妈说："让有女儿真好，有儿子真好成为口头禅。"

茗扬妈妈说："今天我想把这样一段戳心的话分享给群里的妈妈：'怎样才算是真正强大的妈妈？不是生娃后依旧美貌，也不是边带娃边写得一手好帖，而是在哺乳被咬、耳环被抓、一夜一夜一月一月无法连续睡眠时，依旧有温柔的语气。'做了父母之后，最大的挑战，不是给孩子喂奶哄睡，做饭穿衣，而是在孩子调皮顽劣、油盐不进时，还能保持耐心和理性，温暖而和善。"

父母是孩子的情感导师，一个幸福的家庭必定是爸妈情绪稳定，家里温暖有爱。我们每个人都带着原生家庭的烙印，幸福的很容易碰到幸福，而抱怨、愤愤不平等失控的情绪，总是与窘迫、糟糕不期而遇。学会控制情绪，是每一位家长的必修课。你希望有一个什么样的孩子，你就要成为一个什么样的人。

从小对孩子惯于发脾气来宣泄情感的父母，最终孩子长大了也会以同样的方式来处理问题、宣泄情感、表达不满。所以，教育孩子之前，我们应先经营好自己。家，是女主人的能量场。家里有个温和平顺的女主人，是所有家庭成员的福气。妈妈，是一个家的灵魂。妈妈的情绪，决定了一个家的温度和幸福指数！

其实，不必再多列举一些案例，这鲜活的案例、这美好的行动，预示着一个个幸福的家庭、幸福的孩子、幸福的家长。是读书把大家的心联系了起来，是共同的梦想把大家追寻成长的精神唤醒。

不要责怪自己的孩子喜欢搞恶作剧，经常不听你的话，甚至不愿意与你沟通。孩子的所有表现都是父母的影子。孩子与父母是一种共生关系，他们的无意识是和我们一体的。孩子的表现会具体地呈现另一个人的存在方式，我们成年人要腾空自己大脑里错误的和固有的观念，重新构建自己的生活，重新发现自己，重新发现自己的孩子，用自己的真诚，用自己的纯美的内心世界去影响自己的孩子。

再好的教育也比不上孩子的内力觉醒，孩子内力的觉醒需要家长的成长自觉。中国最需要教育的往往不是孩子，而恰恰是家长。家长不与孩子一起成长，便没有权利和资本来陪伴孩子、教育孩子。

著名主持人董卿生子之后还能规划好自己的事业：一方面，她不想放弃继续成长的可能，不想因为孩子而变得止步不前；另一方面，她觉得自己也应该努力变得更好。她说："当孩子在未来真正懂得的时候，他对自己的母亲不但有爱，也有尊重，而且还能从母亲身上学到很多好的品质。一个母亲的责任，不应止于给孩子关爱，还应成为孩子的榜样，给孩子以激励，让孩子去尊重，去欣赏，去努力。"

当家长懂得了上述道理，并且关注自我的成长，老师与之合作的质量就高了，因为家长、学生、老师走在了一个频道上。

第五节　教师家长齐行动，享受解决问题的乐趣

以前传统的家庭里，因为物质条件和家庭环境的限制，孩子们大多在一起玩。这个习惯延续了很多代，直到收音机、电视、电脑等大众媒介的出现，才有了改变。而现代社会中，有这样的现象：父母愿意为孩子提供玩具，让孩子们自己玩，但却不参与。之所以产生这种现象，一部分原因是我们的社会文化发生了变化，孩子和大人之间的代沟越来越深，对抗比以前更多；还有一部分原因是大人们缺乏和孩子一起享受乐趣的心态与技能，父母和孩子缺乏共同兴趣。

父母花了很多心力给孩子最好的物质生活，却忘记了自己也要参与孩子的活动。孩子拒绝进入父母的大人世界，而父母也难以用平等的姿态进入孩子的世界。比如我的孩子，自从开始上学后，他宁愿自己在家简单对付一下自己的肚子，也不愿意随着我们外出参与大人的饭局。时间久了，我们也不勉强他了。他的一些同学来找他玩，我们也不干涉，不参与他们的聚会。

我介绍几种与上初中的孩子一起玩耍的方法。因为年龄的原因，与孩子一起玩一些儿童时期的游戏已经不现实了。我认为，家长可以从了解孩子的学科、学校的课程、中考改革理念与方向开始，与孩子一起构建一些家庭学习课程。如我曾经的一名学生，她的家庭很有意思，父母和孩子都喜欢读书。他们三口人放假后会一起走进书店，每个人都为自己买好几本喜欢看的书，回家后各自开始阅读。他们三口人经常在一起做类似"读书沙龙"的活动，也就是都谈谈最近的读书收获，讲一下自己的一些思考。最让人好笑的是，一次参加他家的聚会，在饭桌上三口人竟然把我放在一

边，为了一个观点展开了辩论，每个人都在尽力阐明自己的观点，各不相让。我静静地听着，没有打扰他们，这是多么让人感动的场面啊，这才是一个真正的热爱读书的家庭，共同的读书兴趣，让他们的家庭成员变得很和谐，很上进。

如今的考试，会考查孩子们的社会大课堂情况、考查他们的能力与素养、考查中华优秀传统文化、考查社会主义核心价值观。

我建议家长们，在寒暑假可以与孩子一起走出家门，到一些名人故居、文化圣地、博物馆等地去开展研学活动，可一个家庭单独行动，也可联合几个家庭一起行动，还可借助一些研学组织机构。在出发之前，全家一起调研，搜集信息，制订研学计划，每个人可根据不同的地方或专题来分工，放在专门的文件夹里，然后展开旅行研学。

我还建议家长要积极参加学校的一些课程与活动，如亲子运动会、亲子读书活动、志愿服务行动等，也可以根据学校需要，主动参与学校的校本课程建设，这样，能更容易了解学校课程与教学改革的真实情况，有利于选择或设计自己的家庭学习课程，使家庭学习课程与学校课程实现有机融合，更有利于孩子的积极参与。因为这样会让孩子很容易获得成就感，从而提升孩子的参与积极性。

我还想推荐《孩子：挑战》这本书给家长们阅读，目的是想启发一些家长，可以效仿书中内容与孩子一起在家里干点什么。该书中有一个很好的案例：有个孩子参加了学校的活动以后，在家里建了一个"博物馆"。家里所有古老的东西都被贴上标签，放在"博物馆"的架子上。家里的其他人也帮着很努力地收集各种可以放在"博物馆"的物品，一块彩色玻璃被称为"古老教堂窗户的遗骸"，一根树林里找到的羽毛被称为"古印第安人帽子上的装饰"，家里的一个孩子甚至用玉米棒做成了一个娃娃。

孩子的物理老师有可能会建议孩子在家做一些家庭小实验，这时，家长可以配合孩子，在家里找一个空间，建一个家庭物理实验室；如果孩子的生物老师让孩子来研究一些植物，家长可以与孩子一起开辟一块空地，或做几个花架，与孩子一起种植各种花草；如果孩子回家喜欢唱学校里的歌，家长可以把大家一起洗碗、收拾饭桌的时间变成唱歌的时间，让孩子教唱学校里的歌,全家人尽情地欢唱。如果父母留心倾听孩子,会发现很多孩子感兴趣的事情,再加上一些想象力,这些都能成为家庭的项目,成为家里所有人的乐趣。

共同享受乐趣,用学习或游戏把大家聚在一起,形成团结合作的氛围,这是家庭气氛必需的基础,能够促进全家人的平等、轻松、和谐。如果与孩子的学习课程以适合的学习方式对接好,会更有意义,与孩子的学习合作会变得更加流畅与有效。

很多人也有这样的观点,认为有些事情可以向孩子低头,成人不再是领导,我认为这种想法是不对的。我们要做的,是平等地和孩子坐下来共同讨论问题,他才不会为所欲为,我们的行为才会对孩子有所影响。我们只能赢得孩子的合作,而不能强迫孩子合作。赢得合作的最佳途径,是每个人都畅所欲言,共同找到解决方法。

我时常提醒家长们,下面的几个错误观点要努力避免:一是我们常常把自己的想法想当然地强加给孩子,并喜欢用一些话语去贬低孩子;二是我们容易根据事情的表象,而不是孩子行为背后的目的来教育孩子,甚至喜欢挑他们的毛病;三是我们容易显露出我们的想法是唯一正确的,绝不接受那些与我们不一样的观点;四是我们经常自以为是地认为孩子的感受一定与我们一样,与我们当年一样,我们的感受就是孩子的感受;五是我们没有站在一个孩子的心理逻辑上去处理问题,而是一味地否定和说教,致使孩子愈发坚定地按照自己的错误目的前行;等等。

我也时常向家长们提出一些解决问题的参考意见:一是我们可以引导和影响孩子,但不能强迫他们进入我们为他们设计的模型里;二是我们要追寻孩子行为背后的目的,站在孩子的角度探究他们的想法;三是敞开心扉,接受他们的想法,一起平等友好地讨论;四是我们需要坦白承认,观点不是唯一的,尊重每个人的看法和观点;五是学会倾听孩子的声音,了解他的心理逻辑,引导他从另一个角度看问题,帮助孩子了解他还没有感觉到的其他方面的积极效果;等等。

总之,我们应该为孩子播下思考的种子,不需要凡事都讲道理,让孩子感觉到总是在告诉他什么,在让他顺从,这样没哪个孩子会听得进去。

我们应引导孩子自己发掘问题在哪儿、怎么解决，让孩子思考，然后静观其变。我们应该和他一起思考，找寻解决问题或改善问题现状的方法。这样的合作，是在照顾所有人的利益的前提下，共同找到最佳解决之道。

即使当孩子表达了一个我们不能接受的想法，那一刻，我们仍然要耐心接纳："你说得很有道理，但是我不知道如果每个人都这样做时会发生什么。"让孩子暂时离开问题一段距离，为讨论创造新的环境或是可能的通道。

与家长共读一本关于家庭教育的书籍，建议他们基于学校教育的特点和课程内容，与孩子一起享受解决问题的乐趣，将会把教师与家长的合作推向一个效果极佳的境界。

第五章
如何突破成长瓶颈

自我修炼要点：

1. 重新找回迷失的自己

2. "逼迫"我成长的人

3. 经验变成果实现生命的蜕变

4. 做一名成长中的中层干部

5. 开拓教师"自专业"成长空间

本章导读

每一名教师，都会在自己不同的职业生涯里，遇到成长和发展的高原期。在这段时期，教师很难感觉到像前一个时期那样快速成长，相反，他发现自己很多事情都是在重复，这就是职业倦怠的具体表现。

当然，在这个时期也会明显表现出再次成长的一些迹象和标志。李海林老师说："原先不太关注或不感兴趣的事物，突然或者慢慢开始成为重要的生活内容和工作内容。生活圈和工作圈开始突破原来的格局，向外扩展。关于教育教学和人生事业方面的理解开始与同伴区别开来，甚至有明显的不同。不仅对教学问题感兴趣，而且对教材、对课程资源、对教学评价、对师资队伍建设、对一定区域内的教学管理问题开始感兴趣。开始对某一种理论有热情，甚至成为某种理论的追随者。非常注意对自己的教育教学过程中产生的一些资料的收集，并且非常珍惜自己的这些资料。对朋友或者工作伙伴开始有挑选，而且这种挑选不完全是因为与自己的亲疏关系。在工作甚至生活中的一些方面追求与人不同的看法和做法，表现出对一些固定的看法和做法的不满意。开始在内心怀疑自己过去的一些信念，开始能接受他人对自己的批评甚至否定。更关注自己的内心，有时会像观察别人一样观察自己。对自己常常有陌生感，感到自己变化很大。既不像过去那样自卑，也不像过去那样自傲，能客观看待自己。"（《教师二次成长论——卓越型教师的成长规律与成长方式》，《今日教育》，2015年第1期）

这段时期，对于一名教师来说，正处在自己职业生命的过渡期，也可以说是矛盾期。如果教师明白自己这段时期的弱点、盲点和发展的可能性，积极主动寻求成长的环境、载体和平台，他就能突破成长瓶颈，获得令人惊奇的长足进步，从而可能步入名师的行列。

第一节　重新找回迷失的自己

2015年，我在一所学校挂职锻炼，经常走进教师的课堂或办公室与大家交流，因为我不是该校老师的同事，老师们愿意把自己的心里话告诉我。借此，我开始明白了一群工作十年左右老师们的苦恼与心声，而这个年龄阶段的老师，正是遇到成长瓶颈的时期。

一个晚上，收到李老师的一封邮件，信里写的是李老师某日在办公室与我交流对话的感悟：

我已经工作十多年了，所教学科是地理，非中考科目（现在已列为中考选考科目），虽然学校不太重视，我却把小小的课堂当作了生活中很重要的一部分。多年的工作经验让我在教育教学方面有了很大的进步，多次会考成绩在区里名列前茅，我赢得了学生的认可。

但是最近，我却感到对自己的未来有些迷茫了。到底我的价值在哪里？我只是一名普通的老师，我的忙碌，我的付出到底是为了什么？难道就只是因为教师的责任心吗？

之所以这么想，原因有很多，最主要的一点就是感觉很累。每天起早贪黑地上班不说，还要上那么多的课，学生吵闹的话还要维持课堂秩序，一天下来，回到家连跟家人说话的力气都没有了。

懒惰是很多人潜意识里都有的东西，有时我也在想，不如就混日子吧，过一天算一天，但是每当有这种想法的时候，我就感觉内心特别空虚与不安。

新学期初，我有幸认识了来自育英学校的李志欣老师。当时我就被他的很多"光环"吓住了，太多的优秀成绩让人望尘莫及。虽然校长介绍时，说有教学上的问题可以私下找李老师谈，由于自己内心的自卑心理作祟，我总是不敢迈出这一步。

但是，长期隐藏在心里的情感纠结让我最终下定决心去找李老师谈谈，虽然没有想好谈什么话题，但是我不想错过这么好的机会。

我鼓足勇气，敲响了李老师办公室的门，当我拘谨地说出想找他谈谈心时，他表示非常欢迎。聊几句家常后，我紧张的情绪就舒缓了很多。当谈及工作时，他句句戳中我的"要害"，让我大吃一惊，太厉害了，怎么说得那么准呢？

他告诉我："工作十年左右的时候出现迷茫也是很正常的，这正是第二次成长的时期，我也经历过这段非常时期。我们必须为自己所做的工作赋予意义，不为他人也不为名利，只为自己内心最初的梦想和坚持。外界的人和事不会一成不变的，如果努力付出是为了外在因素，就会迷失自己的本心。而让内心强大充实的最好办法就是要多读书，只有不断学习，提升自己的专业素养，才能让自己的内心更加强大充实。"

当我说出自己经常不自信的时候，他也给了我很好的建议。他说："年轻人有上进心是好事，但是经常太在意别人的看法和迫不及待地急于求成，当达不到自己的理想效果时，自己的自信心就会遭受打击。所以做事情要更注重过程，而不是结果。不要怕失败，不要怕批评，有时失败反而让你成长得更快。"

听了他的话，我有一种说不出的激动，认识到了自己存在的问题，也找到了努力的方向，心里豁然开朗。李老师还告诉我很多读书的方法，让我受益匪浅。离开办公室的时候，我除了说"谢谢"，不知道用什么话来对他表达自己内心的敬意和感激。

晚上回到家，我回想起白天发生的事情，就好像做梦一般，仍然兴奋不已。我和女儿说："以后妈妈每天陪你一起学习好不好？你监督妈妈。"她开心地说："太好了！以前都是你监督我，现在我也可以监督你了。"

听了她的话，我既开心又自责。作为一个妈妈，以前都没能很好地给孩子做个榜样，真是失职。我会努力学习的，让自己的内心更加强大，更加充实，更加自信！

我认真阅读着李老师的感悟，一丝丝伤感和激动不断涌上心头，好长时间，我都被这些情感簇拥着，我情不自禁地敲击着电脑键盘，写下了下面的文字：

李老师三十几岁，她已经是学校的骨干教师，在当地也颇有些影响。她工作很投入，已经积累了很多教育教学经验，她的心理和心性已经比较成熟和稳定，学校领导很欣赏她，同事们也都很认可尊重她。在很多人看来，李老师也算是一名成功的老师，这样生活下去也会有幸福感，有很多的收获。

可是，李老师为什么会有上述苦恼，决心找我谈心？这反映了她当下的生命成长旅途中遇到了麻烦，反映了她渴望找准方向继续发展的愿望。一段助跑后，她到了开始想起飞的临界线。其实从李老师述说的心路历程来看，这又是一种普遍现象，是学校中工作十年左右的那群教师的复杂心理和生命状态的真实写照。

但是，作为教育管理者，大多会关照年龄较大的老教师，一是关心他们的身体状况，二是担心他们不再学习成长，陈旧的教学思想和方式不能适应已经变化了的课程和学生。也会更多地关注刚刚大学毕业进入教师行列的青年教师，为了让他们尽快融入学校文化，学会管理和教学，总是要策划一些学习培训活动，为他们配备骨干教师做师父。

而老教师与青年教师中间的这群教师，也就是已经工作十年左右的这些教师，学校更多关注的是他们如何更多更好地干工作，完成学校的各项教育与教学任务。

可是，我却发现，他们是最孤独的教育生活者，他们的忙碌与责任掩盖了他们的内心需求，延误了他们再次成长的机会，尤其是延误了他们的生命成长需求，他们仍然需要被大家关怀，这个"大家"不仅仅是学校内的领导者、同事，还有社会各界的人士。他们正是那群在教育的旅途中走了一段路，却又迷失了方向的人，想飞却不知向何处飞。

源自家庭、学校、经济、身体、朋友等各方面的压力不断来袭，自己精力与体力的超负荷输出与内在价值感无法安顿的矛盾，渴望快速成长但感觉不到变化的效果，自己目前工作生活的意义与生命的长期目标不能建立联系的纠结，自己日益成熟的零散经验、内隐理论难以提升为自我主张的困顿，以及渴望过一种读书、研究的生活但又畏惧困难无从下手难以坚持的彷徨，都在这些教师的内心里翻滚沸腾，天天不能平静。

为何优秀的教师在十年左右会迷失自我？如何重新唤醒这群教师的再次成长欲望？如何引领这群教师找到自己的专业与生命成长路径，让他们每天都对教育充满新奇与陌生，勇敢地去探求未知的可能性，突破发展瓶颈，从骨干教师成长为卓越教师，甚至是研究型、专家型教师？我认为，这恰恰是整个社会，尤其是学校必须着重关注的大事，他们的破茧成蝶，将会推动我们整个教育大踏步前进，我们的教育与课程改革将不再担心没有优秀教师来实践、研究，我们将不再担心创新人才培养的缺位与乏力。

但是，这是一个庞大的队伍，仅仅依靠他们自己的努力，也许会有一小部分人能够走向卓越，而大部分人会随着岁月的推移，慢慢丧失了奋斗的雄心斗志，他们的成长欲望要么自行消失，要么被外在的力量浇灭。这是教师专业发展的悲哀，是教育事业的人才浪费。

这群教师就像风筝一样，他们应该在天空中自由飞翔，而不应该长期挂在屋内的墙上。有人担心如果把这群人培养出来，他们不接受控制怎么办？他们离开单位怎么办？我们总是担心他们被风吹跑，但是，别忘了，一个人的成长需要自由的环境，需要一双有力的翅膀，需要风，需要雨，需要空气，更需要放风筝人的牵引与帮助。

学校能否充当那个放风筝的人，对于这批教师的生命和生活的影响是很关键的。在功利性强的学校环境里，如果教育的终极目的是学生的最后成绩，而不是学生的思维培养和人格构建，也就是不以人的发展为目的，那么，教师的生命和专业成长也会被无视，教师陷入沦为应试工具的境地。有些校长经常这样说：不管你用什么方法，最后我就看你的成绩，成绩好的就是好老师。

当下不少学校低估了教师的道德判断，认为人类生来自私，驱动人的是自我利益的获取。这就促使教师渐渐远离了自己内在的生活兴趣和意义，远离了自己的责任和梦想，为那些小恩小惠、分数证书、考核晋级等功利性且价值低廉的事物或目的疲于奔命。

其实，大多数教师对自己教育与教学工作所带来的智力劳动过程和挑战有着天然的兴趣，对于进一步的学习与成长或者是更加投入地实践研究自己的课程有自己的本能欲望，对集体、社会的正义感和对学生的尊重有内在的冲动与情感。但是，遗憾的是很多学校却没有基于生命内在的专业、精神和道德层面的因素对人的能力与需求进行激发。这就是这群已经工作十年左右的教师群体集体迷失自我的根源。

面对如此现状，我们需要对这群教师的专业成长进行重新定位和理解，以便能够引领他们突破发展的高原期，在教师生涯的关键时期实现二次成长。教师的工作除了参与课堂教育教学实践外，还要参与到课堂之外的真正的学习团队中，寻找专业发展的同道之人，从以教学为中心走向以学习为中心，让读书反思成为一种习惯和生活，视自己为从事教学和学习探究的领导者，尊重自己的观念与兴趣，承担起研究者、意义建构者、创造者的新角色，努力使自己置于学校变革和发展的中心地位。

写至此，我重新回到我的邮箱地址，给李老师回复了一段话："您是一位优秀且上进的老师，有现在的情绪与状态不是你自己的问题，所有教师都会遇到，区别在于有的教师能突破这一瓶颈，找到二次成长的路径。你已经意识到了这个问题，这是好的预兆。就从为孩子做好表率开始，从研究家庭教育出发，与孩子一起读书学习，再逐步涉及专业领域，寻找自己的兴趣和切入点，相信不久你会重见光明，发生蜕变的。"

第二节 "逼迫"我成长的人

第一节中我通过认真倾听李老师的苦恼与需求,帮助她分析了这段时期的职业生命特点,找到了实现二次成长的适当渠道,从而重新点燃了她再次出发的信心。下面我介绍一个被我"逼迫"成长的年轻教师,该老师用自己的文字整理了从被动接受到自觉为之,从而走上再次成长道路的心路历程,并发表在了《教师博览》(原创版)2015年第1期上。

网上流传着这样一种说法:做你没做过的事情,叫作成长;做你不愿意做的事情,叫作改变;做你不敢做的事情,叫作突破。当有人逼迫你去突破自己,你要感恩他,因为他是你生命的贵人,也许你会因此而改变和蜕变。

遇见他,我的工作状态正处于"七年之痒",每天备课、上课、批改作业,做着这些重复性的劳动,使我身心疲惫,产生了强烈的职业倦怠。这时他说:"读点书吧!"手里拿着他借给我的《智慧型教师的诞生》,心生疑惑:有用吗?

初读时,心是静不下来的,感觉有点枯燥,专业术语太多,读着读着就被吸引了,书中说:"根据教师的职业存在状态将教师分为三种,即以教谋生和养家糊口的生存型、体验人生和品味幸福的享受型、服务社会和完善自我的发展型。"我不禁在反思自己,我到底属于什么样的教师,该怎样改变现在的状态呢?

还书时,他说:"感觉怎么样?写写读后感吧!"数学教育专业毕业的我,已经接近十年不再动笔了,让我写读后感,这不是强人所难吗?"尽量写出自己的感受,不管好与坏!"于是重新翻阅它,在写完两万多字的读书笔记后,写下了《坚定脚步,走教师专业化成长之路》的读后感,忐忑地把文章交给他,他说:"你已经迈出了教师专业化成长的第一步,继续努力!"

接着他又拿出一本《做一名学习型教师——教师专业发展的务实行动》送给了我,并说:"在1+1教育网站建个博客吧,那里有一些志同道合的老师们,大家共同行走,进步会更快!"

于是建了博客,加入了教师成长共同体,在那里有我们耳熟能详的名师,也有一群同思考、共勉励的草根朋友。我们共读一本书,探讨教学中的问题,交流班级管理中的经验,取长补短,共同成长。

渐渐地,职业倦怠消失了。每天在完成日常的教学任务以后,看书、写字,思考教育现象。这种漫无目的的读书,虽也能给心灵带来慰藉,可没有目标的生活还是迷茫的。

2013年由我选题并执笔的课题"家长委员会参与学校民主管理的机制研究"被批准为山东省教育科学"十二五"规划2013年度重点课题,使我兴奋不已。这时他说:"读烂一本经典,精研一位专家,主攻一个专题,依据专题大量涉猎知识,坚持一至两年,便小有所成。"寥寥数语,为我点亮了前进的明灯。虽并不奢望小有成就,但我还是想为自己的目标奋斗一下。

于是在他的指导下,我开始研读苏霍姆林斯基的《给教师的一百条建议》,阅读中我明白了:"一些优秀教师的教育技巧的提高,正是由于他们持之以恒地读书,不断地补充他们的知识的大海。""学生的智力发展取决于良好的阅读能力。"现在我在班级中开展"在阅读中感悟,在感悟中阅读"活动,倡导同学们读名著,在名著中汲取成长的养分;给同学们讲哲理故事,共同体会成长过程中的真善美、假恶丑;共同记录成长故事,为我们留下成长的"音符"。在打造"书香班级""书香家庭"的同时,依托班级家委会开展亲子共读活动,家长们在书中找到了自己在家庭教育中的误区,收获了育子智慧,提升了自身素质,更使我们收获了友谊和快乐。

作为一名农村草根教师，我已少了些迷惘与倦怠，多了些自信和热情，每天享受着积极向上的工作状态。一天他看完我的博客说："投投稿吧！"于是我在他的鼓励下，又试着把平时"涂鸦"的记录着我和学生们"成长音符"的故事、反思、读后感进行投稿。起初，看着一篇篇杳无音信的稿件，我曾经退缩过。他说："沉淀会儿，好文章是修改出来的！"于是我开始了"屡败屡战""越挫越勇"的投稿生活，一遍遍地修改，一次次地沉淀，终于我的"小豆腐块"也出现在了报纸和杂志上。记得第一次看到我的文字变成铅字时，他说："相信付出就会有收获！"

说到此，你一定很疑惑：这位一直指引着我，鼓励着我，"逼迫"着我在突破、成长的人是谁呀？告诉你吧：他就是我生命中的贵人，我的师父——李志欣老师。

我喜欢"逼迫"一些年轻人做一些专业成长方面的事情。我自己的专业成长何尝不是被"逼迫"出来的？记得刚毕业的第一年，在年底，老校长吩咐我撰写学校的新学年计划，这下我傻了眼，我是一名新老师，对学校还不十分了解，全校的工作计划怎么写啊？这么重要的文件怎么会让我一个普通教师写呢？那天，我冥思苦想了一个晚上，一个字也没有写出来。怎么办啊？第二天，我去找老校长，老校长和颜悦色地说："别着急，我把去年的计划交给你参考，你可按照其模块撰写，至于内容嘛，我现在与你沟通。"回去后，我又熬了两个晚上，终于完成任务，把文件交给了老校长。我以为，老校长也就是随意看看，但是，在全体教师大会上，老校长一字不拉地与老师们一起学习了这个计划。我很震惊，从此我的自信心被树立了起来，增添了干事创业的勇气。

我经常遇到一些"逼迫"我成长的人。比如我的字写得并不好，但是学校德育处主任经常安排我写一些会标，往大门、墙上写一些教育名言、警示语之类的大字，我以前从来没有练习过，只好求教一些美术老师，一些这方面字写得好的人，学习如何写美术字、如何刻字等，虽然任务艰巨，但是我都能如期圆满完成，并且我的字也写得越来越好。我不会做课题研究，但是学校教务处主任希望我申报课题，于是我就会连夜查阅文献资料，查阅撰写开题报告、中期报告和结题报告的方法，学习实践研究的科学途径，积极撰写研究论文等，不知不觉，我的研究意识有了，研究能力逐步提高。

对于我所管理的学校，我会采取各种方式，"逼迫"教师在专业的道路上快速成长。比如，我会安排我校教师走出学校与外地学校教师一起"同课异构"。我会把当地教研部门的专家请进学校，与这些老师一起备课磨课，有时连备连磨三次课，有些老师都累哭了。但是当他们展示完他们的课后，都会感激我，因为他们收获了过程，他们在磨炼之中提升了自己的专业水平。还有，我会要求老师每个月撰写两篇文章，并亲自交给我审阅。我想用此方法，让老师们学会反思，学会撰写文章，乃至于走上研究的道路。

多数人都是有一些惰性的，但是，如果你愿意接受他人"逼迫"你做事这一行为时，你会得到成长，由此你会赢得越来越多的人的帮助；当你不愿意接受他人的"逼迫"时，你就会失去很多成长的机会。在此，我举两个例子。有一个年轻老师，我感觉她很有发展的潜力，于是就主动找到她，希望她能帮助我做些研究，但是让我没有想到的是，她竟然拒绝了，理由是自己有太多工作要做。其实，成长是需要付出很多业余时间的，她不愿意承担额外的任务。之后，我再也不好意思找她做事了。还有一个年轻人，我想有意锻炼他，希望他能参加一定的学校管理工作，很显然，这需要他在时间和精力上有所付出，但是他却以害怕劳累为由，谢绝了我的好意。我陷入了失望之中，我遇到的这样的年轻人不少。他们或许没有意识到，当屏蔽了与他人的联系，拒绝了他人对自己的帮助，没有勇气接受"逼迫"时，自身成长就会进入缓慢状态，甚至会丧失很多快速成长的机会，影响自己的整个生命成长。

为什么有些教师不愿意接受他人，尤其是校长的帮助呢？除去上面分析的原因外，害怕被表扬或被过于关注也是一个原因，这是学校里教师群体中存在的一个奇怪现象。

一次全体教师大会结束后，一名教师小心翼翼地紧跟我身后，轻轻告诉我："李校长，以后在大会上最好不要当着全体老师表扬我，您可以单独鼓励我。"我问："为什么啊？"她说："一是我并没有您说的那么优秀；二是会后同事们都会调侃我的。"

我明白这是为什么，虽然人都愿意听"表扬"的话，不愿意被"批评"，但是在学校文化里，仍然存在着文人相轻的传统。被表扬的教师散会后又会重新回到同事群里，同事们自然会祝贺他在大会上受到了表扬。他们会这样说："你成了楷模了，今后得向您学习啊！""校长很重视你啊，好好干吧。""我们干的工作校长怎么没看到啊？你真幸运啊！"……

此时，被表扬的教师压力就来了，今后需更加努力，否则会辜负了校长的期望。今后需更加尊重同事，与他们搞好关系，否则他们会慢慢疏离自己的。记得一位朋友曾向我说过一种现象：如果你想让某位老师在学校里"臭"掉的话，你在全体教师大会上表扬他三次就够了，他会很快成为"众矢之的"，有嫉妒他的，有远离他的，有算计他的。

怪不得那位被表扬的老师如此小心地提醒我呢，学校中的这种看不见硝烟的"钩心斗角"文化的确存在。这折射出在中小学校里教师生存文化的愚昧，折射出教师个体缺乏独立、自由、高贵的精神，同事之间的交往缺乏尊重、敬畏、谦逊的作风。

从此，我在公共场合就注意慎用"表扬"二字，尽量避免老师背上"表扬"的包袱，使教师职业倦怠"雪上加霜"。但是，我却有一个观点，想告诫年轻教师们：不要走丢了自己。教师这一职业，尤其需要你去热爱，教师要珍惜自己的热爱，坚持自己的追求，尊重别人的选择。不要害怕被别人表扬，被迫追求与众相同，漠视了自己独特的个性：人家发牢骚，你也跟着发牢骚；人家不认真备课，你也跟着不认真备课。失去了自我，也就失去了热爱，失去了美好的属于自己的志趣和未来。

我建议大家，要真诚地接受他人的"逼迫"，该谦虚时就要谦虚，该合作时就要合作，该冒尖时就要冒尖。成长永远是自己的事情，"逼迫"你成长的人才是你的伯乐，你生命中的贵人。

第三节 经验变成果实现生命的蜕变

对本节中朱老师成长的推动，则是通过发现她的创新经验，帮她总结提炼创新成果，激发她再次成长的勇气。后来，她步入了专业成长的快车道，陆续获得了很多荣誉。作为一名普通的教师，她还经常被外校邀请去上课、作报告，她实现了职业生命的一次蜕变。朱老师曾经给我写了一封信，信中写了她的一些成长感悟与收获的喜悦。

2014年10月，全国教育联盟校长论坛在我校举行，我上了一节观摩课。下课时，认识了李校长，他留下了虽简短但中肯的几字课评，我印象很深。之后议课环节中得到了李校长的全方位点评，所言字字真诚，有欣赏、有肯定、有建议、有保护，"听君一席话，胜读十年书"之感历久弥新。我更加坚信，在教育求真这条路上，并不孤单。

第二天，我校的王校长找到我，说李校长请我总结自己的课堂，整理成一篇文章，写好后，发给他。面对这事，我内心是纠结的，"写作""总结"对我而言无疑是一项大挑战。数学学科教学多年，思维的引领似乎更多在意会间，好像很久未关注过如何润色语言，但李校长的盛情岂可辜负！我答应了下来。在这篇文章的整理中，我得以和李校长对话，每次对话都会有很强的力量感，总能接收到一种不同寻常的能量。

然而，几经整理的文章并不成功，自己都看不上眼，所以这事就搁置了下来。新学期又接任了毕业班班主任的工作，忙得我晕晕乎乎的，就把这事给忘了。半年后，李校长发来一条微信，改写文章的邀请再次进入我的世界。我被李校长的"诚信"之举感动了。我毅然舍去忙乱，静心修改，此事终成，文章《当课堂变成讲坛》得到了李校长的肯定，而且为我亲自修改，最终文章发表在2015年11月4日的《中国教师报》上。

经此事，得李校长之助，我的心灵拥有了一种力量。在文字表达自我主张方面，我有了记述所思所想的动力。我感到自己的成长很迅速。2016年，我作为负责人，将保定市重点课题《初中数学"独学·互学·感悟"教学模式的研究》顺利结题。

记得有一天，微信里多出了一个"全学习"群，我被群主李校长圈到了这个群里，并收到他建议的读书清单。"读书"是李校长永远的倡导，我明白，那是教育路上继续前行必需的力量源泉。我呢，也是自小就喜欢书的，别人出去找同学玩，我喜欢静在家里，即使是课本也能一遍遍看得有滋有味，独坐房顶看书一直是记忆中美好心情的所在。但我看书随意性强，每一阶段看什么全凭感觉，而且愿意反复看，所以对读书可以说没有规划，看书数量并不多。对一个领域的涉猎还是缺少量的积累，尤其教育领域内的书籍，更是看得少。这次李校长的读书清单关注的是未来教育，便乐得去读一读，看一看，思考一番。感谢李校长，为我打开这扇窗，得以进入教育中更广阔的天地——思想得以提升，得到更多人的认可，多次承接中考观摩课、讲座并受好评。近两年，还设计制作课件获"中国梦"全国优秀多媒体教学课件评选大赛一等奖，也自制微课《对角线互相平分的四边形是平行四边形的探索》，在河北省第二届微课大赛中获一等奖。

从此，我进入了实践、反思、反思后再实践的不断尝试中。拥有这样一位特别的"精神导师"，便拥有了一份教育的幸福。

一次偶然的帮助，鼓起了朱老师再次成长的勇气。有时，老师的再次成长与工作突破，是需要有人点拨与提醒的。

再以我自己为例，我是非常注重把自己的一些经验变成成果的。在我的博客里，就有如下几种专题：教育心得、英语教学、读书日志、育儿心经、学校管理、教育时评、校长手记、教育观察、育英故事、班主任智慧。我把自己日常实践的点点滴滴，都记录下来，坚持每周至少写一篇文章，已经坚持近十年了。这些文字发表在各种报刊上，获得了不少奖项，这些文字为我出版论著打下了基础。我所参与的课题研究，两次获得山东省政府教学成果一等奖，2014年荣获首届国家级教学成果二等奖。我在全国率先提出了"零"作业教学改革，并出版了两本论著，一本是《"零"作业下的教学改革实践》，一本是《博弈中的追求——一位中学校长的"零"作业抉择》。

英语教学改革及其成果，成就了我的名师梦想，我顺利获得山东省教学能手和英语特级教师称号；"零"作业下的教学改革成就了我的名校长梦想，我先后获得山东省十大创新校长、山东省十大教育新闻人物等荣誉称号。说句实话，没有把我的一些经验变成成果，我是不会得到这些荣誉的，我也不能从一名普通的教师成长为一名校长，不能从一所农村学校走进北京市育英学校工作。

目前，根据当下课改理念与学生未来的学习需求，我提出了"全学习"的课改理念，正与我的老师们一起，致力于探究这一全新的课题。

那么"全学习"的课改理念是怎么发现的呢？长期的探索经历与研究习惯让我学会了迅速找到前沿的研究课题，并能够很快发现探索的切入点。下面我以发现"全学习"理念的经历，来说明经验变成成果的一般过程与方法，以便于一线教师今后做一些研究时知道如何积累成果。

首先"全学习"源于改革实践。"零"作业的理念的提出，其初衷是对抗农村中学教育的"顽疾"——"高耗低效"作业，通过"零"作业的行动，让教师想到"作业"二字就会受到触动，并由此促动教师用更人文、更科学的思想和方法改变学生作业"高耗低效"的现状。同时，体现出基于新课程改革的要求，对"低耗高效"作业以及课堂建设、教师发展、课程创新等的切实诉求。

但是，"零"作业这一提法并不准确，容易引起歧义与误解，认为是不是不让学生学习了？是不是老师要偷懒了？没有了课下作业学生会不会玩疯了？……有专家建议，是否在"零"作业后再加一个词"全学习"？这是"全学习"理念在我的视野里的第一次出现。之后，这三个字一直在我的脑海里盘旋，并且我总是在不自觉地寻找它的一些依据、内容与适宜的环境。

第二，"全学习"基于文化传统。我所工作的单位叫北京市育英学校，该学校的校训是1952年六一儿童节期间毛主席为学校题的词"好好学习，好好学习"。学校始终保持着这一优良的传统，永不忘记老一辈革命家的谆谆教导，它激励着和劝勉着学校的教师和学生奋发向上，为更好地报效祖国打下坚实的基础。这是"全学习"理念的学校文化与历史传统的根据，"全学习"是学校办学理念的积极传承。

第三，"全学习"适于时代要求。在2015年5月，习近平主席在给国际教育信息化大会的贺信中指出：因应信息技术的发展，推动教育变革和创新，构建网络化、数字化、个性化、终身化的教育体系，建设"人人皆学、处处能学、时时可学"的学习型社会，培养大批创新人才，是人类共同面临的重大课题。我认为这是"全学习"的时代背景，它是未来社会需要的全新理念，"互联网+"时代呼唤"全学习"。

第四，"全学习"据于改革理念。新中考方案明确指出，今后的中考将注重考查学生九年义务教育的积累，注重考查学生对基础知识、基本技能、基本思想和基本能力的掌握情况；重视发挥考试的教育功能，在各科目考试内容中融入对社会主义核心价值观和中华优秀传统文化内容的考查；扩大选材范围，突出首都特色，贴近生活，注重实践。与以往相比，北京中考要考得宽泛了。因此，有的教师会设计各式各样的学生活动，课上让学生动口、动手、动脑、多实践、多表达、多展示，做中学，学生设计方案，开展科学制作、小组竞赛、协作互助；课下学生做手抄报、自编自导自演话剧或舞台剧、诗歌朗诵、社会调查等。有的学校会把课堂教学活动延伸到校园、操场、实验室、图书馆、阅览室、社区、科技馆、博物馆等地方，让学生在动手实践中体验学习，在实践中提升综合素养。这些新的理念与尝试，将成为未来学生学习方式变革的一项重要手段。

"全学习"鼓励学生的个性成长，尊重学生的选择与兴趣多元，促进了学生的德智体美全面发展。这正是"全学习"理念下课程与教学改革的现实需求。

在以上背景下，我又通过文献检索与实践中的思考，寻找它的理论依据与实践证据，尝试解读它的基本内涵。"全学习"的概念开始映入脑海：

处处指向学科素养与学生发展核心素养目标，通过规划与运用学校文化、空间和环境，科学平衡环境、空间、技术与文化整体建构，以丰富学习资源，支持"多种学习方式"，满足学生学习与生活的生理与心理需求，促进学生自我学习，发现问题，提升解决问题能力的一种学习环境。

于是，"全学习"下的课堂教学改革、课程建设、学校文化创设、德育管理、教师成长、家委会建设、社区服务、学生活动等，都相继展开探索研究。场馆学习、赛事学习、行走学习、实践学习、社团学习、问题学习、项目学习、整合学习、影视学习、仪式学习、服务学习、讲堂学习、翻转学习、节庆学习等应接不暇的学习方式纷纷出现。

结合这些实践，学校申报课题，并把一些阶段性成果形成文章，寻找一些报刊发表，真实的行动吸引了媒体的关注，相应的宣传开始陆续跟上，扩大社会影响。邀请我或其他教师外出讲座、慕名前来学习的兄弟学校慢慢增多。学校也会在适当的机会组织现场会，邀请相关专家进一步调研指导。

如是，一些经验就开始陆续变成成果，在实践过程中的一些关键事件就成了该成果影响力的佐证材料。我本人和积极参与课题实践的老师们，自然会因经验变成成果，而实现自己的生命蜕变，享受研究的乐趣、成果收获的惊喜。

第四节　做一名成长中的中层干部

这一节我想专门谈谈学校中层干部的成长问题，因为一般的中层干部也是大约在工作十年左右才有机会走上管理岗位的，不少中层干部更容易出现专业成长的高原现象。

我是从一名普通教师干过来的，干过班主任、年级主任、教导主任和副校长，关于中层干部的生活和心路我是最熟悉的。真的，中层干部的确不容易，他们又得上好课，为大家做好表率；又得贯彻执行好校长的思想，力争赢得校长的信赖；又得协调好各中层干部之间的关系，以便于互相理解支持工作。

社会学家威拉德·瓦勒早在1932年就写道："一所学校，应该有自己的独特的文化。这所学校里面，有复杂的人际关系礼仪，有整套的社会习俗，有独特的道德观念，有非理性的约束和制裁，有根据这一切制定的道德规范。这里有博弈，有优雅的战争，有团队，有一整套精心设计的仪式和典礼。这里有多年的传统，因循守旧的人永远在对革新者宣战。"

下面结合我曾经在网上看到过的一篇文章，以及自己多年做中层干部的经验，谈谈学校中层管理者很容易出现的"职场停电"现象。

"失意"现象。由于学校的迅速发展，学校组织逐步扁平化，中层管理者的作用将逐步弱化。而在许多学校里，校长常常越级管理，允许教师越级沟通甚至成为学校民主的体现，中层管理者仅仅是一个空架子。

有些学校为了迎合干部人事制度改革的需要，一般是把中层管理岗位拿出来"竞聘"，而将有最终决策权的职位牢牢把在手中。这种热热闹闹的"创新"，更让一部分中层管理者看破"红尘"，产生"职务倦怠"，造成"职场停电"。

"高原"现象。一所学校的校长只有一个，副校长毕竟也是极少数，大多数中层管理者只能在同级别之间调动。由于学校组织的结构层次是有限的，这就使得并非所有人都可以顺延梯级结构一步步向上走。并且，当中层管理者爬向顶端时，层级越往上越少，更进一步的机会也越来越小。

在每一个结构层次上，都只有一小部分中层管理者得以超越，而大多数中层管理者只能选择留在现有的层级上。也就是说，中层管理者的个人事业经过发展后，进入了一个相对稳定、静止不前的时期。当中层管理者发现自己处于"职业高原"却"升迁"无望，但又没有其他出路时，容易造成"职场停电"。

"满足"现象。中层管理者没有重大权力，也没有很大的责任。他们没有权力决定学校的命运，学校校长的更迭一般也不会影响到他们。由于中层管理者处于承上启下的位置，时常成为校长、教师依赖的对象。社会观念亦认为，中层管理者也是学校一个不大不小的"官"，他们很容易因此产生满足心理。中层管理者的本质决定了他们很少会直接从事具体的创造性的工作，平时工作一般满足于"上情下达，下情上传"，"不求有功，但求无过"是中层管理者典型的特色。正因为如此，大多数的中层管理者努力的最终方向不是如何做好工作，而是如何保住自己的位置。"风吹两边倒""两边不得罪""不为而无错"等心态，容易造成"职场停电"。

"焦虑"现象。一般来说，学校的中层管理者对未来有着很美好的憧憬。他们对职业的期望很高，但现实中却处于较低的职位，于是高期望和低职位之间产生冲突。没有达到进入学校中层之前的理想状态，难免产生失落感。

另外，中层管理者一般做着学校"鸡毛蒜皮"的小事，时常被校长"呼来唤去"。而他们往往又是教学业务骨干，学校管理工作常常要消耗大量的工作时间，这样就无情地挤去了钻研教学业务、学习进修的时间，他们由此陷入了教学智慧被耗尽的"焦虑"之中。

管理工作是"为别人做嫁衣裳"，错误的职业成就去向使中层管理者产生了教学业务荒废感。荒废感使中层管理者在对工作产生厌倦的同时，对自己的职业生涯也失去信心，价值感低落，从而出现脾气暴躁、厌倦工作等情绪，造成"职场停电"。

那中层干部如何解决"职场停电"现象呢？

中层干部如果能做到以下几个方面，就可以算是卓越管理者了：自动自觉，注重细节，为人诚信，敢于负责，勇于担当；善于分析判断，应变力强，乐于学习，追求新知，具有创新精神；对工作投入，有韧性，有团队精神，善于合作，求胜的欲望强烈。当然了，学无止境，作为一名中层干部，需要具备与时俱进的领导力，因此，终身学习力永远是他的必备素养，是他做出业绩的秘密武器。

如果你是一名中层干部，除去注意以上方面外，我想再次提醒你，你不能仅满足于学会一些管理的知识和智慧，做一名优秀的管理干部，千万不要忘了，你还是一名教师，也就是说，你不能荒废了自己的专业学科。

我在做教务副主任时，可以说是身兼数职，年级主任、年级组长、班主任、英语教学两个班。我认为，作为干部，在日常工作中要做到真抓实干，既是指挥员又是战斗员。作为指挥员就应该体现自己的能力和水平，越是面对棘手难缠的问题，越要沉着冷静，迎着困难上，要有吃苦耐劳的精神；还应该做教师的"勤务兵"，勤勤恳恳地做好每一件事情，有为老师服务的意识。2004年9月，我由教务副主任被破格提拔为副校长，调到利津县北宋镇第三中学工作，这所学校已经连续十年全县倒数第一了。一来到学校，我就主动申请做毕业班的年级主任、教授两个班的英语，兼一个班的班主任。同时，我又提出了"减负"的要求，不允许教师随意为学生布置书面课下作业。我对同事们说："我怎么干你们就怎么干。"当年，这个毕业班的中考成绩直接跃入全校上游水平。班级教学与管理、年级部管理，再加上学校的整体教学管理，让我精疲力尽。由于有部分学生是住宿生，老师们都住在十公里之外的县城里，我又主动在晚上帮老师们值班，管理住宿的学生。我的带头意识与吃苦精神感动了所有老师，学校各个年级的成绩都提升很快，县教育局曾经号召全县各级各类学校向我们学习。

作为一名学校中层干部，必须有甘当配角的心态。比如，我做教务副主任时，会协助正职做好各项工作，不明白多问，正职布置的各项工作从不推诿。在工作中始终保持谦虚谨慎的态度，在尊重、理解并服从正职的同时，充分发挥好承上启下的作用，发挥自身的主观能动性，在认真做好本职工作的前提下，努力配合正职协调好其他处室的每项工作。

要有开拓创新的精神。我积极争取正职干部或校长的支持，在自己所分管的年级和教研组里进行教学和管理方面的改革，大胆尝试，以超前的眼光看问题，敢于和兄弟学校的同行比干劲、赛成绩，而不是以一成不变的方式，局限于做好本处室内的工作。我所分管的年级或教研组，都是学校的先进团队，经常受到县教育局的表彰奖励，为学校赢得了很多荣誉。我之所以在做校长后领导学校搞改革能取得成功，主要原因就是在做中层干部时就坚持大胆改革创新，为今后的改革奠定了基础。

我能赢得同事和校长的信任与支持，与我有一颗包容的心也是分不开的。我心胸比较宽广，能够容人，乐于助人，做到小事讲公德、大事讲原则。无论做什么事情，我都尽量抛开个人因素，不考虑自身的好处，必要时还会牺牲小我，成全大我。比如，2001年，学校时兴分快慢班，老师都不愿意教慢班，我就自告奋勇，接下了最差的班级。我一直奉行一条原则：要想做好教育干部，首先要做好人，如果连人都做不好，领导教师更是无从谈起，正所谓"正人先正己"。

另外，中层干部经常会身兼数职，经常会因为紧急工作加班加点，还要承受各种委屈与不理解，因此不仅要善于工作，还要善于保重身体。只有会工作、能工作、善于工作，才能持久工作、有效工作，永葆青春活力，带领全校教职工围绕学校的工作目标勤恳努力、不断奋斗拼搏。如果我们本人身体健康状况不佳，经常无法正常来校上班，纵有通天的本领也难以管理好、发展好学校。

心理压力大，教师的各种情绪会首先汇聚到中层干部这里，因此还要重视自己的心理保健，正确认识自己的角色与各种任务，树立正确的人生观、价值观，正确认识自我，管理好自己的情绪，化压力为动力，努力健全自我人格，完善自我，做一个乐观向上的好干部。

我做校长后，知道中层干部的这些苦与乐，因此我很理解他们。首先我会严格要求中层干部要好好读书学习，善于反思、勤于研究。每年寒暑假，我都会要求所有中层干部读一本书，写两篇文章，认真研究教育教学规律，储备能引领课程与教学改革的能力，做好上学期总结与新学期计划。也就是说，你要求教师做到的，干部必须首先带头做到。只有个人的专业学科与干部业务得以同时发展时，才能锻炼成为一名高水平的令大家敬佩信任的中层干部。同时，我十分注意协调干部之间、各部门之间的关系，关心他们的身心健康、情感和情绪，努力让他们保持快乐的工作状态，以减少他们的职业倦怠感，防止职业"停电"现象，引领他们走上研究的专业道路，做一名积极向上的，有责任感、成就感和幸福感的中层干部。

第五节 开拓教师"自专业"成长空间

从教多年的优秀教师,都会具有一些极具个性特色的实践知识和教育教学思想,如果教师再有研究的习惯和能力,自觉地去梳理自己的经验和智慧,他们便能成长为研究型教师。

但是,大多数教师缺乏研究和反思的意识。即使有较好的经验和思想,也只是留存于他们的脑海之中,不能清晰地表达出来,形成一些系统的成果,因此这样的教师,只能算是一名优秀的"教书匠"。

在基础教育领域,这种现象很普遍。教师找不到自己职业生命蜕变的突破口,不能由教书匠转变为教育家,这当然有教师自身素质、内在发展动机、家庭等方面的原因,但并不能全怪教师本人。

一所学校,其实是教师专业成长的环境或土壤,教师在什么样的学校里生活,他最终就会变成什么样。学校注重学生的考试分数,教师就拼命追求分数;学校注重读书,教师就会喜欢上学习。一般的学校,精力往往放在了学生的学习与成长上,却忽略了教师的学习与成长。这就不难解释一所学校几年内没有年轻的新教师加入,大家就会感觉学校缺乏活力,甚至感觉到自己的教育观念、教学能力越来越落伍。原因就是没有挑战,多数教师的职业生命出现了"停电"现象,没有走上读书、学习和研究的专业发展道路。

因此,学校必须为教师的职业生命负责,营造教师专业发展、学习研究的文化氛围,创造引领教师学习、研究的机制,为教师搭建专业发展的平台。

一提起研究,多数教师会产生畏难情绪,或者刚开始时跃跃欲试,时间久了，便不了了之。如此，学校的研究就与教学以及教师的专业发展成了"两张皮"，教师就不再对研究感兴趣了。学校行政力量推动下的教研活动，很容易引发教师的反感，从而使活动流于形式。大而空的课题研究，给教师设置了"跳一跳也摘不到桃子"的情境，教师面对远离自己教学生活的研究内容，不知从何下手，便丧失了自信心。

目前，不少学校自发成立了一些教师"自组织"，这些教师一起读书，一起讨论教学改革，这些"自组织"其实就是学校里的学习型组织。比如我原先工作过的学校里的一种"自组织"——教师成长志愿者共同体。它的诞生改变了学校的文化系统，学校的校本教研体系得以重构，学校的发展潜质突显出来。该组织采取"自主申报—组织备案—项目管理—定期交流—成果共享"的活动策略，教师的专业学习得以持续，教育实践不断创新。这些专业兴趣相近的教师因此都有了平等的发展机会，学校的发展内涵也不断丰富。

比如，该校刘红芳老师，称自己为"狼族一班"的班主任；刘勇老师，信奉"用坚守为梦想插上翅膀"；李德刚老师，提出"谁有思想谁就是学校的领袖"；等等。这些"共同体"成员的成长故事陆续在教育报刊上发表出来。能有这样的成果，源于该组织有一个经典的传统活动——讲述自己职业生涯的故事。

教师展现自己鲜活的故事的过程，是教师回忆、梳理和表达的过程，实质上就是一种研究的过程。教师讲述的故事肯定涉及生活中对自己触动比较大的关键事件、人物与问题。教师对这些事件、人物与问题的描述、诠释、反思以及后续的行为调整，是教师与自己对话的过程。教师经历的每一个故事都是其专业发展的一次机遇。在澄清、修正、总结行动和思考的过程中，教师逐渐积累，就会自然形成个性化的实践智慧和教育主张。教师再对自己已经形成的经验和主张进行梳理、提炼，就可再一次反观自我，进一步在专业发展上实现自我提升。这就是研究型教师的修炼之道。

当然，我之所以在学校构建"自组织"与"故事"文化，是想引领、鼓励教师朝着这个目标奋进，而且想探索一种新型的教师专业发展途径，尽力为教师的职业生命负责。促进教师成长，教师具有了终身学习的意识、研究的习惯和能力，学校的教育教学工作才能创新，学校才能真正走上内涵发展之路。

曾经一位从教近十年的年轻教师通过微信发给我一段话，引发了我的共鸣与思考。她说："当下老师们的生活就是一个字——忙。忙上课教学，忙管理学生。忙得来不及备课就去上课了，忙得没有想好如何与学生交流，学生就犯错了。还要忙学校布置的各项检查任务，每周必有理论学习，必有教研活动，必有值班评比。忙，不是职业倦怠的本因，忙而无效、忙而不实才是真。忙让时间白白浪费，但始终感觉不到成长的意味。很多人呼吁我们的一线教师要学会自我调节，要追求自我改变，启发引导教师要做一名学习型、研究型教师，但是他们却很难找到突破的路径与办法，仍然在倦怠中、忙乱中、失望中生活着。"

读完这段真实的倾诉，过往的情景历历在目。为了教育与教学改革，我曾不断地"驱赶"着教师做着各种所谓的课程改革与创新，老师们为了满足众多学生各不相同的需求和应对学校名目繁多的活动，不得不策划每个活动的详细步骤与流程，预设每次教学和项目任务的需求，并及时作出相应的调整。

老师们忙得不可开交，被挤压得不堪重负。很多老师都觉得自己像人造卫星一样，环绕着一个庞大的能量球机械地运动，永不停息，不能给自己保留思考的时间，无法找到自己真正喜欢做的事情。

"凭什么要按人家的期望而活，凭什么被迫跟着别人的节奏走?!"这或许是很多一线教师的心声。"按自己的节奏走"，以这种生活方式来释放自己的潜能，才能好好地利用自己的天赋，做自己擅长并且感兴趣的事情。这是我的最纯粹的思考与呼吁。

"按自己的节奏走"意味着我们的思维方式需要转变，意味着要抛弃过去我们教师生活的被动、工作方式的陈旧和目标追求的偏颇。教师真实的生活应该是自己的研究兴趣得到解放，且能帮助学生找到这个世界中正确的位置。教师的倦怠忙乱，会使自己的生活远离教师生活的本质，也让学生陷入悲苦乏味的生活。教师因缺乏空间便采取僵化的思想和低级简单的方法教育学生、传授知识，学生自然陷入"题海"之中，心灵受到伤害，创新能力和实践能力便再也没有机会得到锻炼。

"按自己的节奏走"，需要两条腿走路。一是解放自己的职业兴趣，去大胆地爱上某个事物，专心致志地努力追求，对自己最擅长的方面，去了解、发展和享受；二是关注学生，为学生提供机会和环境来促进学习，增强学生的能力，帮助他们通过不同的方式来成长。而这两条腿，又可以做到相互协调，步调一致。

如果一位老师对他喜爱的一些活动或课程表现出兴趣与热情，决心去追求自己向往的目标，我们就会发现，他在学生们身上总能找到无穷无尽的点子和疑问，供自己研究和探索。当教师达到了这种境界，在学生身上寻找研究的问题与解决的策略，并把问题发现、问题解决的过程作为自己与学生成长的一次次重要机遇与资源，我们的教育就接近本质了，就能按照规律来运行，教育就会静悄悄地自然成长。

当面对比自己翻书还快、读书还多的学生，当面对比自己信息技术还熟练、接受信息还丰富的学生，当面对周游世界的学生、有兴趣特长的学生、有自主学习需求的学生、有超强学习能力的学生……我们无法预料学生会提出什么问题，自己应当怎样应对。

我认为，全面提高教育教学质量的关键不仅仅在于要符合专业标准，更在于教师能够实现个性化的专业发展。

读书、教育、写作是大家提倡的教师个性化发展的重要途径；传统的专业学术期刊和各种学术交流活动仍然是教师个性化发展的平台；自媒体的广泛使用为教师个性化的专业发展提供了简便易行的展示平台，注入了新的活力；微课、幕课、一师一优课等新兴课程为教师个性化的专业发展提供了巨大的资源。

有人说，在"互联网+"时代，教师以自我需求为导向、自主发展为主要方式、自觉发展为动力源泉的"自专业"时代已经来临。这也意味着，教师专业发展的个性化时代来临了。

教育发展的新时代，我们期待每一个学生的个性化的成长，也期待每一个老师个性化的专业发展。教师个性化的专业发展必将引领和促进每一个学生的个性化成长；教师个性化的专业发展也会推动教育改革和教育创新；教师个性化的专业发展更会提升教师职业发展的层次和专业性。

  作为教师，无论是讲课、学习还是做事，都应该把自己的生命投入进去，研究、工作都要与自我生命、他人生命融为一体。

第六章
如何提高教科研能力

自我修炼要点：

1. 读书与写作：教师生命运动的永恒轨迹

2. 学校文化与教师研究相得益彰

3. 提高自己的教科研能力离不开教研组团队文化

4. 改革创新才有研究的灵感与机遇

5. 步入自己研究的心灵之地

本章导读

作为一名追求自我专业成长的教师，必须有一定的教科研能力。我一直信奉苏联教育家苏霍姆林斯基说过的话："如果你想让教师的劳动能够给教师带来一些乐趣，使天天上课不至于变成一种单调乏味的义务，那你就应该引导每一位教师走上从事教育科研这条幸福的道路上来。"

记得我刚到北宋镇实验学校时，有的教师与我说了这样的话："谁的成绩好，谁就是好老师。成绩好了，评先树优都优先，说真的，与其坐下来看看书，还不如多研究研究考试题好些。""我也想整理自己的教育思想，可整理出来有什么用呢？想发表吧，处处要钱。我想好了，等晋级用论文的时候，我就花钱买一篇。"

教师们的"真心话"让我陷入了沉思。长期以来，一线教师通常认为自己处于知识生产和消费的流水线末端，知识由专家们来生产，而教师的任务只是消费知识而已……现实中的教师专业发展多注重利益的驱动，却忽略了生命意义的心灵引领，没有抓住教师发展的命脉。

当时我提出了"解放"教师这一理念，当然更主要的考虑是教育的终极目标和教师的长远发展。"解放"教师的关键是增强教师的专业自主权，使教师有权作出自主的职业判断，拥有自己的专业话语权。"解放"教师的最终目的是"解放"学生。教学中教师可以尽可能发展学生的个性，提供给学生尽可能多的选择，使学生通过教育激发潜能，完善个性，具有独立的人格和独行的能力，实现教师和学生的共同成长和发展。

一个优秀教师的精神财富里面，可能具有的素养并不全面，但他对学生一定有着发自内心的热爱和尊重，一定在教学领域有着自己独特的教学主张与创新精神，一定有学习的习惯和研究的兴趣。

第一节　读书与写作：教师生命运动的永恒轨迹

教师的教科研兴趣与能力，一定离不开读书与写作，下面首先借助我学习谢云老师的讲座稿《读书·写作与教师生命成长》的感悟以及我自己读书写作的一些做法，谈谈我对这方面的看法。

生命在于运动，这是真理，是自然规律。教师的生命运动主要有两种：一是肢体器官的运动，可以说是体力劳动或锻炼身体；二是思想精神的运动，无非就是读书、思考、研究、写作与创造。

作为一线教师，常规的生命状态其实并不理想，就说锻炼身体吧，很多教师等到老了，身体有毛病了，才想到去运动。而思想精神的运动，大家普遍认为，不会影响寿命，就一直满不在乎，心里总是想着，却懒得行动，满口理由走向人生的暮年，就更加有理由不去运动了。其实，不管是躯体的运动，还是思想的运动，都可能影响生命的正常行走轨迹。照理说，作为人类文明的传承者，作为相对意义上的这个社会的精英阶层，教师应该是比较喜欢读书的。教师这个职业，是要求我们每一个人都成为终身学习者的。一个教别人读书的人、一个教别人学习的人，自己却不读书，这可能是中国最滑稽怪诞的一件事情。

对教师而言，读书首先是对自己生命成长的一种积累和完善，是对自己精神世界的一种重建和修补。只有完成自己的生命成长，才能进而实现自己的专业成长。一个读书的老师，往往是一个有比较强烈的职业幸福感的老师。

黄庭坚说："士大夫三日不读书，则义理不交于胸中，对镜觉面目可憎，向人亦言语无味。"苏东坡说："腹有诗书气自华"。台北的一位化妆师说，三流的化妆是脸上的化妆，二流的化妆是精神的化妆，一流的化妆是生命的化妆。生命的化妆，精神的化妆，只能靠阅读，靠修炼，靠灵魂的修炼。汉朝的学者刘向说过一句话："书犹药也，可以治愚。"就是说，服用书籍这剂药，可以使原本傻乎乎的人变得比较聪明，具有灵性。这就是读书所蕴含的生命运动机理。

课堂教学的广度，取决于教师教学视野的广度；课堂教学的深度，取决于教师教育思想的深度；课堂教学的高度，取决于教师道德情操的高度；课堂教学的厚度，取决于教师文化积淀的厚度。我感觉主要就是看他们是否读书，读什么样的书，怎么读书。教师生命的常青在于读书。

树用年轮来记录沧桑，那么人用什么来记录沧桑呢？用文字，因为文字的生命，比人更长久。没有一点记录，那么我们用什么来证明，我们曾经来过这个世界，曾经活过、爱过？一个写作者，我感觉他最大的幸福，就在于他能够让往事在文字中永在，让生命在文字中重现。"写下就是永恒。"虽然我们的一切可能都会很快地消失，但某种意义上它是永恒的。

每一个人都不能够延展自己的生命长度，但是可以增加自己生活的高度，可以丰盈和延展自己生命的厚度、宽度。而写作是最好的方式。通过白纸黑字，我们可以在过去和未来之间穿行，可以同时抵达此间和远方——此间是使人留恋的，远方是使人牵挂的。

用写作改变我们的职业状态吧！每个老师，站上讲台，可能一讲就是二三十年。在这二三十年的工作时间里，每个老师可能要上数千堂乃至上万堂课，第一堂和最后一堂，公开的和私下的，肯定是不一样的。甚至可以说，这一堂课和上一堂课也是不一样的，自己的这堂课和别人的那堂课，肯定也是不一样的。无论是教学的方式，还是方法，无论是教学的过程、得失，还是感受、体验或者是教训，完全是不一样的，如果没有记录，到最后退休的时候，我们用什么来证明自己曾经上过成千上万堂课？我们用什么来证明我们曾经站在讲台上，曾经教过那样多的学生？这是很多一线教师需要郑重思考的命题。

我们写下的词语和句子，首先改变了我们自己，改变了我们的感受，改变了我们的心情，改变了我们对教育的理解、态度。然后，如果这些文字被他人看到，也会改变他们的感受，改变他们的心情，进而改变他们对教育的理解和态度。这是一件非常美妙的事情。另外一方面，写作其实就是一种思考，教育写作就是对自身专业工作的一种反思，这也是对专业能力的一种提升。叶澜老师也说："一个教师写一辈子教案不可能成为名师，但是如果一个教师写三年的教学反思，就有可能成为名师。"

如果说，实践成就教师的底气，阅读滋养教师的灵气，思考促进教师的锐气，那么，写作造就教师的名气。每个人都在书写自己的历史，以生命中的每一天、每件事。每个教师都在书写自己的教育史，以每一堂课、每一天的教学、每个学期的工作、每一届学生。

教师要教书，要读书，更要写作，哪怕读者只有自己一个人！我们读的一本书，我们写下的一个词语、一个句子，可能是对中国教育的一种改变。读书与写作，是对自己生命的负责，是对民族未来的担当。

关于读书与写作的意义，上面的文字已经有所回答。下面我就说说我的读书与写作的经历吧。

我工作过的学校，均地处偏僻，经济落后。在第一所学校里，记得那时我的工资才两百多元，但我自费订阅杂志，坚持阅读每一期的《山东教育》和《山东教育科研》，这在第一章里我已经阐述过。在第二所学校里，正值应试教育盛行的时期，我每天晚上十点后才能拖着疲惫的身躯离开工作岗位，但我仍然坚持读书写作一个多小时，甚至因为冥思苦想写作思路，很久难以入睡。在第三所学校里，为了推动改革的深入，引领教师尽快实现专业成长，跟上改革的步伐，我更加刻苦地读书与写作。现在，读书与写作已经成了我生命中不可或缺的习惯。读书与写作成了我事业发展的助推器，让我从一名普通的乡村教师成长为一名校长，并于2014年走进了北京市育英学校，正式成为北京市海淀区的一名教师。

我读书遵循"三个一"的原则。简述如下：（1）翻烂一本经典。不管是古代的还是现代的，也不管是教育的还是文学的，你可以选一本最爱的，反复读，把它读透，掌握其精神实质所在。（2）主攻一个专题。美国当代管理学家托马斯·卡林经过研究发现："在任何一个领域里，只要持续不断地花六个月的时间进行阅读、学习和研究，就可以使一个人具备高于这一领域的平均水平的知识。"主攻一个专题，六个月到一两年，你就会成为这方面的专家。而且由一个主题拓展到多个主题，便可触类旁通，快速地将"一口井"变成"一个湖"。（3）精研一位名家。要根据自己的兴趣爱好、工作需要、任教学科、性格特点等来确定一位重点学习对象，收集这位重点学习对象的所有资料，长期研究，掌握其最基本的教育教学思想，并在实践中应用。

伴随着我工作岗位的变化，我的阅读会有一些变化。比如担任英语教学和班主任工作时，我会着重阅读有关英语教学和班主任工作经验方面的书；担任校长期间，我会选择一些国内外管理方面的书，甚至会选择一些企业管理方面的书阅读，如《给教师的一百条建议》《教学勇气》《正面管教》《学校会伤人》《儿童的人格教育》《课堂生活的叙事研究》《作业设计：基于学生心理机制的学习反馈》《为思维而教》《道德领导》《课程领导》《教师领导力与学校发展》《精彩观念的诞生》《批判性课程》《一个称作学校的地方》《台湾教育的重建》，等等。

后来，随着自己阅读数量、阅读能力、阅读兴趣与思想观念的不断丰富和提升，阅读面变得越来越广，对书的选择也变得要求越来越高，越来越有个性。我也会选择我生命需要的书，而不仅仅是一些专业的书了。比如《西藏生死书》《孩子：挑战》《乌合之众》《学会关心：教育的另一种模式》《重塑组织：进化型组织的创建之道》《追求理解的教学设计》《一个人的朝圣》等。

我从来都有阅读时间。有的朋友问我："李校长，你白天工作那么忙，还有那么多朋友，还喜欢喝酒，怎么还能阅读那么多书，写那么多文章呢？"我说："只要把自己的生活习惯改一改就有时间了。"我一般不看电视，也不会去打牌。我读书主要有四个时间段：一是在行走中阅读。当我外出学习或旅游时，我都会带上一本书，或杂志、或小说、或专业方面的书、或名著、或休闲的书等，反正是不空包。不管是坐飞机还是高铁，来回一趟准能读完一本，如果不劳累的话，我会在车站或机场书店里再淘一本阅读。我一般一年出行五次，近十本书就读完了。二是在睡觉前阅读，我已经养成了一个不会再改变的习惯，就是临睡觉前一定会阅读几篇文章，不管是在家里还是在外地的宾馆里。这样，我一年也会读完四五本书。三是在研究中阅读。因为自己教育教学的需要或学校改革创新的需要，我都会申报一至两个研究课题。为此，我会根据研究的课题的需要，"被迫"阅读一些书，阅读的时间也是根据任务的需要而定。记得有一次，为了研究关于学校文化的课题，需要写一篇一万多字的研究报告，我阅读了足有上百万字的图书，白天黑夜地读了十几天。

同时，我还坚持在零散时间阅读《人民教育》《中国教育报》等五六种报刊，关注几个专业的微信公众号。这样，我的阅读量得到了保障，为顺利写作打好了基础。

我是一名英语老师，对我来说写作并不是特长，但是不管写得好与差，我的优点就是坚持写。刚开始，我以写英语教学方面的论文为主，之后开始涉及一些管理类文章。现在，我一般写一些教育随笔或教育故事类文章。

之所以格外厚爱随笔，是因为我深知，撰写随笔是一种最好的反思行动。反思教学有利于教师从感性认识上升到理性认识，有利于教师开展教学研究形成自己的教学风格，有利于教师提升理论水平、拓展知识层面、推动教育教学创新。一个善于反思的老师，一定是一个善于学习的人。没有反思的经验是肤浅的知识、狭隘的经验。有反思的学习，是教师为解决问题而进行的创造性学习，经过理论的重建、知识的积累，从而达到了解决问题、改革创新的目的。

每一堂课结束，包括自己授课、听课、评课等，我都会主动撰写教学反思；每一次外出学习，回来后我的第一任务就是要完成自己的学习反思；关于自己的教育教学主张与经验，我也会积极进行梳理、提炼，形成文字。在此基础上，我会围绕自己的研究主题，申请课题进行实践研究。每一篇反思文章，我都发在我的博客和微信公众号里，供大家批评指正，并大胆向纸质媒体投稿，力争更多文章能够发表或获奖。

撰写反思已经成了我的日常生活方式，成了助推我成长、改进我的教育教学策略的有力工具，凭它我学会了用自己的声音对各种教学策略的情境作出解释，这种解释可以使我更清醒地看到自己的教学决策过程，发现适合自己行动的最佳方案。

　　现在，我以撰写学校管理、课程改革、教师和学生成长故事等内容的文章为主，也写点家庭教育方面的小文。我的行动，极大地鼓舞了老师们和家长们，他们通过我写的文章了解了学校的办学理念，了解了校长的办学思想，了解了学校师生的教育生活。

　　我的成长，我的研究能力，就在阅读与写作中不知不觉地取得了飞跃式的发展，并且化为了我自觉的行为。我今后的成长愿景：思想建构——做教育文化的发展者；精神缔造——做教育理想的守望者；工作目的——做人性完善的培育者；专业发展——做先进理论的学习者；行走方式——做打破僵局的研究者；教育推进——做体验幸福的生活者。

　　而作为校长，我想进一步重申，如想引领教师自主成长，能够让其超越功利走上自觉学习与研究的道路，就必须尊敬他们的专业话语权，重视他们的改革创新成果，促进他们的成果转化为产品，关注他们的精神成长，解放他们的职业生命兴趣。

　　当专业研究兴趣变成教师成长的内驱力和生命成长的终生信念时，他们就会敢于突破学校体制的框架，大胆地追逐自己的教育梦想，不断开拓自己的空间。

　　因为我喜欢写作，经常往各种报刊上投稿，已在全国二十几种省级以上报刊发表过一百多篇文章。由此，好多编辑认识了我，他们纷纷伸出橄榄枝，向我约稿。也因为读书写作，我有时会去参加一些读书论坛，也会结识一些志同道合的朋友。与他们交流交往，可以通过获知他人的见解和思想来检验自己的观点和逻辑，激活自己的创作灵感与写作思路，让自己更有信心和勇气继续读下去、写下去。

第二节　学校文化与教师研究相得益彰

　　我曾经参与调研过许多学校，在问卷调查中或与一些教师的对话中，我知道不少老师是不在乎学校文化的，那些汇报稿中的、墙上张贴着的诸如校训、办学理念、教风、学风、校风等词汇或语言，只是为迎接检查给外人看的，教师要么说不上来，要么不知其内涵，这些代表学校文化价值观的标志根本没有内化到学校中每一个人的心灵中。

　　有些校长为此十分苦恼，问我这是怎么回事。我说："之所以出现这些问题，原因是这些文化元素不是教师或学生实际需要的，不是在充分传承学校历史传统、寻找当地文化源泉的基础上凝炼而成，也就是说，它们只是一堆美丽的词汇和好看的装饰而已，根本不是属于自己学校的文化观念。还有一个重要的原因，就是学校不懂得如何运用这些文化，这些理念后面没有课程的支撑，没有活动仪式的渗透。"比如，有一所学校院内有一面文化墙，上面有对"心、新、欣、辛"四字的详细解读，很显然，学校在践行"四 XIN"教育。我告诉他们，你们每年应该举办争创"四 XIN"教师和"四 XIN"学生的系列活动，根据学校办学理念制定出评价实施标准和细则，并进行"四 XIN"教师和学生的评选和表彰。这样年复一年，坚持下去，"四 XIN"教育的理念就会深入人心，并能引领教师进行"四 XIN"学习、探索和研究，激励学生做具有"四 XIN"的最美学生。

　　下面以我在山东工作过的学校为例，谈谈该校的学校文化是如何引领教师的专业自觉，从而激发教师的研究勇气，同时学校教师是如何借助学校文化的力量，进行自己的专业研究，增强自己的研究能力，实现自己的专业成长的。

学校文化是学校的个性所在、特色所在，是学校发展过程中的有效标签。用文化指引方向，用文化凝聚人心，用文化提升内涵，能增强学校底蕴，促进师生发展，成就教育品牌。全校师生只有真正融入学校的文化之中，人的成长与学校发展才能实现互相促进，互相成就，共同进步。

利津县北宋一中作为一所普通的农村学校，结合教育发展的新形势、新背景，立足教育原点，着眼教育未来，大力实施素质教育，以"做一个文化磁场"为社会使命，以"'零'作业教学改革"为突破口，以"'零'管理"为依托，大胆尝试，不断探索，让学校教育回归本质，让教师从无序的时间竞争中解放出来，让学生从繁重的作业竞争中解放出来，从而为师生插上成长的翅膀。

该校的学校文化可以说是广大教师反对"应试教育"的一种自我觉醒，自我反省，自我创建。在打破传统文化与重建创新文化过程中，经过自主地适应，在继承传统文化的基础上，又建立起一种有共同价值取向的新的学校文化秩序。

学校美术教师谭强，就是一位在新的文化秩序下成长起来的文化自觉者，现在他不再是一名普通的教师了，他已成长为一名反思型、研究型教师。正如谭老师所说，"正是学校文化引领我走向专业自觉，在自觉中实现专业发展，提高了我的教科研能力"。

随着学校推行"零"作业教学改革，课余时间学生不再仅仅忙着做作业了，学生的课外生活越来越丰富多彩，每一名学生脸上都流露出成长的期望。广大教师的教育理念也发生了急剧转变，尤其是新的课程思想开始注入每一名教师的内心世界。

谭老师积极秉持学校新的课程理念，努力开发课程资源，逐步形成了自己的且符合学生发展特点的校本课程理念。谭老师说："我是一名美术教师，我认为现行美术教材有一部分内容对农村学生不适合，这种现状要求美术教师必须根据实际，巧妙灵活地进行课程开发。利用身边的、传统的、学生熟悉的事和物等资源，结合本地文化特色开发符合实际的校本课程，是调动学生的学习积极性和创造热情、促进教师发展的重要途径。这种类型的校本课程开发既能充分利用教材，又超越教材，在真正意义上实现了美术教学的开放。"

谭老师在实践中形成了一些很新鲜的课程观念。例如，他认为开发美术校本课程是一项"动态工程"，一套相对静止的教材永远无法承载一个不断变化的世界。美术校本课程的开发不能着急于编写校本教材，因为开发一个标新立异的美术校本课程，师生必须经历一次乃至反复几次的具有创造性的修正、改造和充实。校本课程开发的过程应该是由下而上的开发过程，先引导学生去观察生活、体验生活，感受和挖掘生活中的美，由学生挖掘生动的文本和图片资料，然后教师进行梳理，一个好的校本课程就这样水到渠成了。这就使得自己开发的校本课程更具时代色彩和个人风格。

谭老师还认为，校本课程必须与学校共生存才最有价值。校本课程必须依据学校目标，实现学校目标，循其校训，落实校训，达到育人的真正目的。

谭老师在校训"志道游艺、抱朴求真"的启发影响下，结合学校处于黄河三角洲腹地的区域特点，积极传承和发展民间民俗文化，并从中挖掘出具有教育价值的课程资源。如元宵节，许多村自行组织灯会：金钱灯、竹马灯、舞龙灯……花灯这种民间表演道具是一种纸扎与彩绘艺术的结合，非常适合美术教学创设"学习体验"情景，为此谭老师积极开发"畅游花灯世界，体味民间文化"这一美术乡土课程。在这一课程中，他根据元宵花灯艺术特点和学生特点，在教学中带领学生到村庄参观文化大院中的花灯艺术，参观民间艺人的示范表演，搜集民间花灯艺术的历史、发展、传承、创新等方面的资料，并在课堂上进行展示交流体会，然后指导学生动手制作简单的花灯作品。在评价环节，谭老师组织举办民间花灯艺术作品展，进行横向的交流和评价。展览过程中，让学生自己讲述花灯的创意，并对其他同学的花灯作品进行简要评价鉴赏，鼓励学生大胆参与集体讨论，让学生在探讨别人的作品的同时，也反思自己的不足。最后教师邀请民间艺人点评升华。学生在展览花灯作品中提高了自我评价的能力，学会了欣赏他人的长处，激发和提高了对美术学习的兴趣。因为民间花灯是学生身边的文化资源,所以学生能在亲切、自然、愉悦的氛围中完成学习。

　　谭老师的课程思想,是基于学校整体文化视野的课程文化观,他先进的课程思想,使其有了实践的思想动力,有了一双善于发现课程资源的眼睛。走美术校本课程开发之路,实现美术教学从传统观念和操作中突出重围,从而促进美术教学水平的整体提高。谭老师作为一名基层美术教师,他走上了一条在校本课程开发与实施的过程中更好地为自己的教学服务,有效地促进学生健康成长的创新教学之路。

　　北宋一中的育人目标是"做有担当的现代人"。培养学生的担当意识,就是让学生担当起对社会的责任、对家庭的责任、对学校的责任。谭老师是这样一名老师,他把自己对美术教学的专业追求内化为一种执著的信念,让美术这一学科不仅仅承载一种教学任务,更承载一种教育使命。他不仅善于培养学生具备良好的人文素养,养成良好的行为习惯,具备诚信、善良、谦虚等人文品质,还善于培养学生具备良好的科学素养,乐于学习、善于思考、勤于求知、敏于行动,从而拥有可持续发展的能力,拥有探索求真的意识,拥有科学研究的精神。

　　谭老师作为学校教师中的一员,能深深领会学校育人目标的真正含义,从自身修养到自己的教育教学行为都做了认真思考与规划,并努力践行这一文化理念,成为围绕学校育人目标而积极作为的优秀教师代表。

　　谭老师认为,教师在日常教学中要为学生起到表率的作用。他说:"我既然选择成为一名美术教师,其实就是选择了一种责任。作为一名有责任感的教师,应该承担起育人的重担。我们要将这种担当意识贯穿于教育工作的全过程,找准教学的切入点,把工作着力点放在围绕教学、服务学生上,认真承担起教书育人的责任。课堂教学是一种创造性的劳动,创造是教学活动的生命力,只要能激发学生的学习兴趣,提高学生的学习积极性,有助于学生思维能力的培养,有利于所学知识的掌握和运用,都是好的教学方法。"

　　农村学校的学生手中只有一本美术课本,有些作品经过几次印刷,色彩效果差,很难引起学生的兴趣,也就不能激发学生的审美体验。面对这样的教学条件，谭老师不是当一天和尚撞一天钟，无所作为，他选择的是改造这种条件，超越这个环境。他在教学中大胆尝试，毅然把美术课堂移到大自然中。例如在学习《绚丽的阳光》一课时，他带领学生走出校园，让他们亲自观察，感受农村的田野风光，学生们热情高涨地描述美化生活的各种想法。这样把自然之美和学习内容之美巧妙地结合，给学生更强烈的情感体验，使之获得美的浸润和熏陶。而这种教学方式就需要教师的一种担当意识，因为它既要考虑学生的学习效果，更要考虑学生的安全问题。

用心教学是谭老师育人担当精神的具体体现。一次，学校安排他负责组织参加全国青少年科技创新大赛活动。他接受这项任务之后，就冥思苦想应该如何教学生进行科学幻想绘画。他先上网搜索科学幻想绘画的相关知识和往年的获奖作品，查阅了大量的科技教育书籍，在对科技知识有了初步了解的基础上，再根据美术教学、科技教育和学生的特点，设计了以学生为主体的探究式学习。

谭老师利用课余时间带领学生走进农村，引导学生们对农村生活进行观察，了解农业生产中的问题，在调查过程中要求学生用绘画、摄影等形式记录自己调查的结果。在课堂上他向学生提出问题：你认为农村生活、农业生产中哪些地方需要改进？你认为农业生产中遇到的哪些自然灾害可以避免或能将其变害为利？

针对农村生活、农业生产中的问题，他还在教学中鼓励学生要多读一些科技书籍，多了解科学知识，不懂的方面向科学老师请教。他建议学生回家收看一些科技频道节目，及时了解科学发展的新动向。

由于科学幻想绘画作品最终要以美术作品的形式呈现出来，这就要求学生要运用美术知识如构图、色彩、线条、明暗等和美术技能展开创作。在课堂上他鼓励学生大胆创作，充分启发学生的创新思维，从而让学生产生了大胆独特的奇思妙想。

通过自己的一番努力，谭老师顺利完成了学校交给他的任务，在当年的东营市青少年科技创新大赛中有20多名学生分别获一、二、三等奖，学校也获得市级"优秀组织奖"。

"创领学习、奠基成长"是学校的办学理念，引领教师做一名研究型教师一直是学校确立的长远发展愿景。谭强老师就是一位正在这条道路上行走的教师。

谭老师深有体会地说："读书首先能够改变我知识匮乏、贫弱、苍白的状态，其次能够使我不断增长职业智慧，提高审美修养，受益终生。读书未必能让我们在教育上走向出色和成就卓越，但不读书就注定我们与出色和卓越无缘；不仅如此，不读书甚至连成为地道的教师都难。书籍，是专业成长的'能源'啊。"

为了寻找这种"能源"，谭老师加入了学校的一个民间自组织——教师成长志愿者共同体。他积极认真学习了共同体的规章制度，明白了这个组织的宗旨是要求每一名共同体成员步入读书学习研究的轨道上来，在这种读书成长氛围中思考探究教育教学中遇到的一些现象背后的规律性问题。为此，谭老师还建立了自己的博客，定期更新自己的日志，与更多的教师进行交流，每天认真阅读教育网上的博客文章，他开始学会管理自己的知识。

谭老师从此步入了重新构建自己职业生命的轨道，他在许多领域的学习都显得那么积极主动、有热情、有思路。下面是他在2011年山东省初中教师远程研修的在线研讨中，与山东省张志勇副厅长在线交流时的对话实录：

谭强：我作为一名农村美术教师，平时常常在想怎样能让我们农村学生享受到高质量的美术教育，但是一想到美术教学各方面的条件，我就有些汗颜。尽管如此，我一直在努力，我努力开发农村初中美术教学内容，积极拓展农村初中美术课堂。

张志勇副厅长：谭老师，您好！我非常赞赏您积极乐观的态度！的确，当前农村美术教育条件还很差，但正像您所说的，只要"努力开发农村初中美术教学内容，积极拓展农村初中美术课堂"，农村美术教育仍然可以大有作为。我认为，搞好农村美术教学工作，最关键的，是引发孩子们的对美的感知和体验，促进学生对美好事物的追求。围绕这个目标，开拓农村中小学美术教育资源的空间还是很大的。一是要让孩子们对美术教学感兴趣，教给孩子们美术知识、培养孩子的艺术审美能力很重要，但艺术兴趣、审美兴趣的培育是第一位的。二是要善于因地制宜地利用好当地的美术教育资源，如剪纸、泥塑、粘贴画、各种材料的造型组合……总之，只要我们想办法，就可以大有作为。在这里，关键是要解放思想，不要把美术教育搞成死的教育，不要搞成学院派教育。美术教育的一切目的，都是为了培育孩子的审美素养，只要有助于实现这一目的的美术教育，都是好的教育。

张厅长的教诲，就像一粒奋进的种子，播撒在谭老师如饥似渴的灵魂里，让他的心灵从此变得充实、美丽、高贵。在接下来的教学实践中，他经常以乡村常见的素材为载体，开发农村自然资源，努力使美术教学内容与生活紧密结合。如在他打造的《家乡的玉米根》一课中，他让学生带来了秋后的玉米根，引导学生充分运用玉米的根、茎、叶等的外形，运用切、弯曲等手法制作出质朴生动、天然雕饰的艺术造型。课后他组织学生举办了玉米根艺术展览，取得了很好的效果。他还主持了山东省教育科学"十二五"规划课题"初中美术作业'档案袋+展览'评价模式的研究"。他根据教材，把每节课的教学目标和重点难点设计出具体的评价要点，然后根据评价要点设计出每节课的《美术作业评价表》，现在这些评价表已初步成型。

谭老师走出了一条崭新的教科研道路，他充分领会了学校的校训、办学理念和育人目标等学校价值观元素的内涵，然后在此基础上与自己的教学模式、课程建设建立联系，从此展开了他的与众不同的研究。

从谭老师的成长历程与实践行为，我们可以得出这样一个结论：教师的实践行为使得学校文化得以重建，生成的学校文化又会促进教师的专业自觉，激发教师的专业成长兴趣。

教师在自觉践行学校文化的过程中，其专业成长得以实现，从而实现了自己的专业梦想，促使其以教育家的眼界、胸怀和抱负进行教学与生活，从而实现其教育追求与人生价值。

其实，每一所学校里面，都有不少像谭老师一样的老师，他们默默无闻，但有思想、有担当、有研究兴趣和能力，只不过他们需要有一个适合的环境才会发芽、抽枝、长叶、开花、结果；他们需要一个伯乐去发现、去欣赏、去接纳、去支持。

当然，更需要教师自己去主动探索学习、主动寻求平台、主动走上研究之路。大凡那些名师，均是追求自觉成长之人。

第三节 提高自己的教科研能力离不开教研组团队文化

学校教研活动是学校管理与教育教学活动的必修课,是学校最重要的常规工作之一。按理说,教师们应该能接受这样的活动,并能从中获得收获和启发,提升自己的专业水准与教科研能力。但事实是,不少学校的教师并不喜欢本校的教研活动,常常报以应付的态度,甚至有些抵触。

我曾经见过几个学校的教研组建设计划,其工作要求大体如下:制订学科学期教学研究活动计划,撰写学期教研工作总结,指导本学科开展教研活动;配合教导处组织本学科教师实施教学常规要求;定期开展教研活动,组织教师学习教育教学理论等。教研活动内容无非是诸如学习教育教学经验文章、观摩优秀教学视频、集体备课、听课、评课、参加各级各类竞赛,等等。

大家可以看出,这种教研组建设和活动要求笼统难以操作,目标不明确,措施不具体,缺乏创意和实效性,难以看出如何通过教研组建设和活动推动学校课程和教学的改革与发展,实现每个人的专业成长。尤其是,这些陈词滥调式的要求和活动一定是每年都如此炮制和推行。这样的低效重复性的教研活动教师怎能喜欢?可以说它已经造成了教师的心理负担和精神压力,影响了教师的正常工作和生活。教师职业的倦怠与反教育的情绪,与这种教研活动关系极大。

很显然,这样的教研组文化不利于组内成员的成长,学校需要重视每一个教研组优秀文化的建设。教研组文化是教研组成员共有的行为规范体系,在日常的教研组活动中,教研组成员要以本组制度要求为基础,一起进行诸如如何共同备课、听课、评课,以及如何共同研究课程与教学问题等教研活动。这些活动应该是教研组的学习精神和价值观念体系的载体，是教研组成员的生活学习方式。教研组文化建设必须从以"事物"为核心转到以"人的生命成长"为核心的价值观念上来。

每一名教师，自进入学校开始，就离不开教研组其他成员的支持与培养，可以说，教研组是个人成长的沃土。比如，当你参加赛课，会有教研组团队帮你打磨课堂；当你遇到教学中的困惑，会有团队的同事帮你解疑。因此，如想提高自己的教科研能力，离不开教研组团队其他成员的帮助，离不开一个有优秀文化的教研组团队。

教研组成员在日常化的各种形式的教研组活动中，是怎样思考和行动的，对一名年轻教师的成长影响至关重要。可以说，当你幸运地遇到一个有优秀文化传统的教研组，你的成长就快些，否则，就慢些。比如，我遇到过的几个英语教研组，在听课后的评课环节，每个成员都能做到开诚布公地评价，有问题直接给你指出来，大家还纷纷提出一些建议，帮你进一步修正。但是也遇到过这样的教研组：大家聚在一起，嘻嘻哈哈，以恭维对方为主，说一些不痛不痒让对方爱听的话，根本不会真心实意地帮你。

我一到北京市育英学校工作，就遇到了一个有优秀文化传统的教研组，基于这个教研组日常的各项活动，我很快适应了北京的教学现状、北京学生的特点，适应了英语课程改革的新理念。

我任教的初一年级，第一次尝试用 New Headway 外版教材，这对于每个教师来说，都是一次挑战，尤其是对于我，刚从山东来北京，且有好几年没有在课堂上面对学生上课了。一节适合外版教材的课到底是什么样子？我们都没有原型模板可参考，一切都处于尝试探索中。因此，不同时期的研究课活动便成了我们发现问题、研究问题和解决问题的救命稻草。

我们确定研究课的操作程序：一是观察课堂上教与学双方的过程，寻找教学方法策略与教学结果之间的联系；二是找到问题；三是形成假设；四是实施教学设计；五是写出教学反思。

第一轮研究课：确定教学切入点，初步尝试阶段。伴随着课程的开展与实施，必定会出现备课时无法预料的问题。经过开学后第一周的教学实施情况，老师们普遍感觉到在课堂上师生之间的合作、教学白板的操作、教材中每个环节的处理、教学内容掌握的程度定位、学生的学习兴趣与习惯、学生如何自主使用教材与配套练习册等方面，出现了一系列问题。于是教研组确定了第二周的教学思路，决定把教学切入点放到语音语调的模仿上，并于开学后的第二周，进行了第一轮研究课展示，要求所有老师互相听课、交流，就最初制定的教学目标、教学方法、学生学习习惯、白板运用等问题进行观察研究。

发现的问题：课堂上学生模仿时，大多采取学生一个接一个的方式，有单句模仿、有对话模仿，整堂课容量大，基本上每个学生都有发言机会。有的学生模仿逼真，形象的声音引起老师学生们的笑声，为课堂增添了亮色。但是这样的课堂也暴露了问题：整堂课在紧张氛围中推进，一个接一个地模仿，节奏比较单一，课堂时间利用率较低。因此，课堂节奏如何把握？如何做到课堂活动有张有弛，动静结合？如何给学生创建一个相对轻松的课堂环境？教材中出现大量的地名人名，需要掌握到什么程度？课标中没有出现的词汇，如何处理？如果教材前期出现的基础词汇不掌握，会不会给教材后面的学习制造障碍？教师在课堂上如何关注到每个同学？教师的指令性语言是否要清晰简洁，是否需要先给学生做出示范？这成了下一轮教学中需要解决的问题。

第二轮研究课：基本掌握教材特点，整合策略阶段。经过两个月的教学，老师们基本适应了外版英语教学的方法。第二次研究课安排在期中考试后，教师已经比较熟悉外版教材的设计特点和教学流程，更加熟悉教学内容的处理方式。七位老师在集体备课的基础上，开展了第二轮的研究课。本次研究课，每位教师都彰显了自己的教学特色，将最近的研究成果如实地展现了出来。

研究课结束后，英语组随即进行了集体教研。听课老师的点评：本次研究课跟开学初的研究课相比，每位教师在对教材的解读和白板的灵活使用等方面都有了进一步提高，每位教师各具特色，学生课堂表现活跃，英语学习兴趣浓厚；教师们的教案比较规范，备课比较认真。同时也对教师们提出了下一步研究的方向：继续研读外版教材的教学参考书，研究教材每一单元每一模块的处理要求，关注学生语音、语调模仿训练；从知识的落实转化到培养语言技能,重视语言的交际功能,注重语音语调,借助适当的活动进行练习;研究教材编排体系,思考每个模块设计的意图和目的,以及与之相匹配的操作策略。英语学科可以进行知识上的整合,外版教材要与实际生活联系紧密,围绕生活适量地补充知识,激发学习的积极性;教学节奏的把握忌讳硬性规定,要给学生充分的时间完成任务,课堂教学放缓,尽量松弛有度;课堂练习尽量按照教参步骤,聆听、核对答案、模仿缺一不可,创造机会让学生能够充分地倾听。

老师们的反响:一是继续探索积极有效的模仿教学方式。学生争相模仿,积极性高,乐趣也高,课堂气氛很和谐,真正体现出了外版英语的味道,这样的课堂学生喜欢。但如何做到更加有效,能够面向不同层次的学生,需要进一步探索调整。二是必须认真研究教参,创造性地解读使用教材。教参设计的教学过程科学系统,但是教师们认为结合学生情况,适当地创生课程资源更能够激发起学生的参与兴趣。本轮研究课,除了每位教师课前普遍进行演唱英语歌曲活动之外,还涌现了不少新颖的引入方式。例如庄美娟老师从 APEC 服饰和饮食引入,既有时效性又和课文句型联系紧密。肖悦老师的冰箱构图,话题 food 和 drinks 很搭配,然后变身主人公,引出几个问题,很是巧妙。课堂如何先声夺人,需要继续研讨。三是要注重课堂教学环节的层层深入。课堂教学环节清晰明了,教学节奏张弛有度,把握好听与说的时间和活动形式,在此基础上适时地增加笔头练习。四是对教师的英语素养提出了更高的要求。教师的英语教学语言应该简单易懂,平时课堂教学要注重教师语言的自我提升。五是仍然要注重板书的作用。外版教材的语法教学重点突出,脉络分明,循序渐进,板书如何清晰美观,给学生一个清晰的知识框架,需要教师们多加研磨。

第三轮研究课:熟练把握教材特点,彰显课程特色阶段。第二学期开学一个多月后,根据期末考试和第一学期口试的情况,以及学生和家长反馈的意见,教研组组织进行了第三轮研究课。本轮研究课,可以看出每位教师已经能够熟练把握教材的目标、内容和方法,正在积极进行创造性改革,使用符合课改方向的教学策略。年轻教师进步很大,与学生交流自然,老教师不囿于传统,积极寻求改变,做到稳扎稳打,课堂容量大,内容充实。有的教师课堂设计新颖,教学素材选择用心、丰富,课堂流程紧凑自然;有的教师注重基础知识的夯实,课堂管理机制科学有效;有的教师板书设计巧妙,白板使用娴熟。白板教学优势明显,越来越多的课程资源和学习工具被开发出来。

听课教师提出的问题:PPT 的色彩与文字应搭配;教学设计要关注教学环节之间的关系;调动学生参与课堂活动、敢于表达的决心和信心;要充分利用教材的优势,提升学生的语言运用能力;仍然存在有些任务在具体的实施过程中显得不够流畅等问题。

值得欣喜的是,教师们有了课程意识,能够依据教材话题和情景,结合社会时事热点、学生生活实际和学校文化创生课程资源。如有的教师把宣传学校文化的视频让学生用英语介绍;有的教师依据教材材料,自编了阅读文本;有的教师利用学生儿童少年时期的生活照片,让学生进行问答练习等。在这个阶段,白板中所含的所有课程资源与学习工具基本上都被教师开发了出来,并能够巧妙地运用在教师教学与学生的自主学习之中。

这三轮研究课,我们都力求做到真实,每次研究课的课后研讨直指要义和问题,在暴露的真实问题中寻求本质性和规律性的东西,逐步探索符合教材特点和学生认知规律的教学方法,充分挖掘课程资源,熟练运用教学工具,想法寻找和总结出越来越完善、成熟、有效和有特色的教学策略与模式,促进教师的观念转变,敦促教师掌握新技术,鼓励教师个性化发展和激发学生学习的主动性、好奇心,努力做到整合经验、相互借鉴、少走弯路。其实,这个过程就是一次次研究的过程,在磨课、上课、说课、评课过程中,教师们学会了如何做研究。

所以,当你遇到一个好的教研组,自然会得到很多成长的机会,你的教科研能力会提升很快,你要敬畏你的教研组。但是当你遇到一个研究习惯不好的教研组时,也不要泄气,你可以学学你学校其他优秀学科教研组的团队文化与做法,你也可以在自己的教研组里积极献计献策,大胆谈谈自己的想法,也许会因为你的加入慢慢改变你的教研组。但是,不论遇到何种形式或状态的教研组,自己的辛勤付出、持续学习力都很重要。这就意味你不一定完全模仿你所遇到的教研组的一些生存方式和生存状态,在教研组日常的活动中，你首先要观察每个成员是怎样备课的、怎样评课的、怎样学习的、怎样交往的、怎样管理班级的，等等。其次要学会改造和重建自己的日常生存方式与生存状态。也就是说，一定要虚心向本教研组其他同事学习，同时也一定要有自己的想法和做法，既要团结同事，服从统一的安排，又要有个性，有自己的创造性。与教研组成员一起积极地构建一个全新的文化，不要小瞧自己是个年轻人，也许你的教研组因为你这股新鲜血液的输入而被激活，精神、物质、制度、行为等文化会得以重建。

作为教研组团队中的一员，首先需要构建规划自己的发展目标，明确自己的信念作风，找准自己学科的特点，遵循自己教研组的师德组风，积极按照自己教研组的建设目标来发展自己的专业能力，全面提升自己的学习与研究能力。

以我为例，我会主动进行专业现状分析，了解自己的职称、学历、学术、教学能力等在团队中的位置，做好自己的成长目标规划，这样才能找到自己研究的精准方向。比如现在职称是一级，目标定为高级；学术称号是区级教学能手，目标定为市级教学能手。这样，我就会按着既定目标，在日常的教育教学活动中，积极做事，寻求发展的机遇。在此过程中，自己的很多能力也就自然地得到提升。

我还注重选择自己的专业发展途径与方法，如加强道德教育，不断提升自己的职业道德水平；加强理论学习，提高自己的专业理论素养；加强实践研究，提高自己的教学教研功底。我明确了自己发展的重点项目，从教、学、研三个方面，进行教科研实践。比如：教，每学年参加两到三次研究课；学，以读书带动自己的专业发展，每学期读五到十本书，每周写一篇教学反思类随笔，每年写一两篇本学科专业论文（或教学案例、教学设计）；研，以课题研究为平台，承担学科组相应课题的子课题研究，也会自己申报喜欢的小课题，在课题研究中出成果，在课题研究中出成绩，以研促读、促写、促教。

我注重课程建设与课程开发，主动寻求本组优秀教师的帮助进行课程规划，从课程类别、课程目标、课程内容、课程实施、课程评价等方面全面设计，编制好课程纲要；注重课堂教学创新，尝试探索构建自己的课堂教学模式，从课堂目标、问题设计、学习方式、反馈机制、评价规则、课堂效益等多方面展开研究，力争全面提升学科质量。

我借助教研组平台，严格落实自己的常规工作，积极参加教研组各项活动，大胆改革创新，力争在某项工作上取得突破；主动向教研组长申请走出去，参加名校的教研活动，拓宽视野，学习先进教研成果；梳理公开课、论文、课件、作业、试题、教学案等，建立完整的个人专业档案。长期坚持下来，就有了自己的研究方向与研究特色，形成教学主张与课程特色、发表论文、出版专著等研究成果会源源不断。

第四节 改革创新才有研究的灵感与机遇

回想我的教育实践与研究经历,其实一直是围绕"减负"这一主题展开的,因为有了目标,虽然在探索的道路上遇到了很多接踵而至的困难,但的确也尝到了改革创新给自己和学校带来的成长机会与现实效果。从开始工作到现在,是坚持与目标专注成全了我的生命,也促使我不断地学习、思考与行动。这一主题推动了我的发展与行走,使我走向忠诚于教育的人生之路。

2007年3月,我通过考选有机会到利津县北宋一中任校长。这是一所与中国众多农村学校一样普通的学校,该校的最大的问题是管理者对教师专业发展认识不够,教师的专业精神不高,教师的专业发展目标不明,没有把自己作为专业发展的主体,习惯于被动接受,自主发展的内驱力不足。不少教师尚未形成读书、写作、反思和研究的能力与习惯,问题意识低,习惯了接受一个操作模式或者模仿别人,而很少关注自己的探究能力和创造能力。

网络上曾经流传着有关学生作业的混搭诗句:

举头望明月,低头写作业。
少壮不努力,老大写作业。
商女不知亡国恨,一天到晚写作业。
洛阳亲友如相问,就说我在写作业。
垂死病中惊坐起,今天还没写作业。
生当作人杰,死亦写作业。

人生自古谁无死，来生继续写作业。

众里寻他千百度，蓦然回首，那人正在写作业。

以上混搭诗句以夸张的手法幽默地再现了当前中小学教育的一种变态的事实：作业成了中小学生学习的代名词，成了学生学业负担过重的主要形式，成了学生童年和少年生活的主要内容。在学校，作业是老师推动学生学习的主要手段；学生回家后，作业是家长监控学生学习情况的主要手段。学生没有了自主空间和时间发展自己的兴趣和爱好。

为什么会产生"题海战术"？北京师范大学肖川教授认为源于两个因素：其一是这种"战术"对当前"大规模时空限制下的纸笔考试"的有效性；其二就是我们常常不愿提及但事实上又真实存在的教师之间的残酷的博弈。

考试不仅是学生之间的博弈，其实也是教师之间的博弈。虽说学校里最基本的博弈是学生之间的博弈，但学生博弈的方式方法却不是学生能够自己做主的，而是由教师之间的博弈策略来决定的。也就是说，教师之间的博弈决定了学生博弈的策略、方式与方法。

校内教师之间的博弈又可分为两类：一是同年级同学科教师之间的博弈；二是同班级不同学科教师之间的博弈。但不管是哪一种博弈，一个教师要想取得我们通常所说的"教学成绩"，他必须让学生在自己的学科上投入更多的学习时间，而当各学科教学时数一定时，教师必然要想办法占用学生的课余时间。

要想更多地占用学生的课余时间，一个简单的办法就是布置作业，布置比其他老师更多的作业。当各个老师都想布置更多的作业以"占用"学生更多的时间来学习自己的这门学科时，教学中的"囚徒困境"就产生了。而"囚徒困境"的结果就是"没有互赢，只有互败，甚至皆败！"

这种"困境"困住了老师们的学生观、教学观、作业观，更"困住了"中国的基础教育，使中国的基础教育总是在"困境"的旋涡中打转，根本无法拔出脚跟追赶时代的改革步伐。

当大家似乎陷入了一种绝望的境地的时候，我和我的全体教师毅然决然地提出并实施了"零"作业。

北宋一中的"零"作业的意义怎么估量都不过分。因为，我们学校所有的改革措施，不论是我们寄予了厚望的耗尽了无数教育学者智慧的新课程改革，还是老师们无比向往的"有效教学"的实施，都只有在"零"作业的前提下才能进行。"零"作业，"逼"得老师们必须改变博弈的方式。

在"零"作业的前提下，"时间战术"已然失效，只能提高"有效教学"的质量，向"课堂要效率"，以保证学生的学习质量。"零"作业的主旨是建设有效课堂，它截断了教学的传统路径，全面启动了课堂教学改革，而这，正是新课程所翘首以盼的。

相对于"题海战术"造成的"教育的异化"，"零"作业追求的是回归教育本真的"全人教育"。"零"作业追求的"全人教育"使学生既心情舒畅，又学习高效，既可以考出高分，又能够让生命成长。

其实，我一直认为，"零"作业只是一次教育的回归行动，以它为切入点，目的是想牵动诸如课堂、课程、教师专业发展、制度与机制等学校教育因素和文化的观念与实际操作的全面创新与转变。"零"作业更预示着我们这群农村教师立志减负的决心和对理想教育的追求。

在"强制"执行下，老师由被迫，到习惯，到自觉，到真心拥护，因为他们从实践中已深深体会到，"零"作业不仅解放了学生，解放了老师，更重要的是带来了意想不到的教学效果，诞生了异彩纷呈的新观念、新思想和新产品，生成了自己的学校文化。教师的博弈策略变"题海战术"为课堂的"有效教学"，学生的博弈方式变"低效劳动"为"高效学习"。

学校在提出"零"作业的同时，也将全体教师置身于同一起跑线上，教师比的是教学能力、教学手段、教育理念，比的是效率。争抢时间涉及每一名教师的直接利益，因此违纪教师的行为会受到全体教师的舆论谴责。

"零"作业改革以四种方式把教师逼向了课堂变革：一是不允许布置课下书面作业，课上完不成任务课下补的机会没了；二是自习时间谁也不准进入教室抢占学生时间补课；三是备课方式彻底改变，教师不备课便上课或上完课后补教案的现象杜绝了；四是打破了过去传统课堂的固定环节，重新为教师框定了教学流程。

变革的本质是不断完善的过程，它需要坚守，它需要勇敢地面对失败，因为只有知道自己失败了，才知道自己往哪里走，应该怎么走。有了这种思维，我们便会把精力放到变革本身的变化研究上。

一是我们邀请了市县学科专家走进每一名教师的课堂，进行观课议课，目的是鼓励每一名参与变革的教师能够认同这项变革，自觉尝试这项变革，没有教师愿意参与，变革便会自行消亡。我深知，一刀裁式的推行办法最终会埋葬变革的进程。我就鼓励一些志同道合者组建了一些学习型共同体，如课堂改革研究者共同体、自主成长志愿者共同体、网络学习型共同体等，这样，在一个共同体当中，大家一起研究尝试变革，分享经验与教训，实际上互相都在给予勇气，推动改革的进程。还与兄弟学校建立了发展共同体，老师们可以采用互访的方式，展示自己的变革成果，这些教师在展示学习中获得了信心，从而不断优化自己的变革策略与资源。

二是向相关人士寻求对变革的理解，解释变革的影响。积极主动与上级教育行政领导以及各级教育业务专家介绍变革的本质与实际操作效果，赢得大家的理解与支持。邀请领导和专家深入学校和课堂，与老师互动交流，在赢得指导的同时，也扩大了变革的影响力。积极参加各级培训部门和教育行政部门组织的教育研讨会、论坛沙龙等活动，寻找解释推介变革成果的机会。主动与各媒体记者编辑联系，邀请他们走进学校采访，从而能够宣传报道变革进展；积极鼓励教师就变革故事、经验进行梳理总结，撰写文章与案例，大胆往相关报刊投稿，在教师自己的成果得以推介的同时，也宣传了学校的变革。

三是花费时间和财力进行专业培训，确保教师掌握执行变革所需要的正确知识和技能。学校紧紧围绕变革内容，创新校本教研方式，大力提倡教师读书，开展变革论坛、课例研究、论文比赛、专家名师报告会等活动。让老师走出学校到外地取经，参加各种培训和研讨会，甚至派遣变革积极分子到一些名校挂职学习。为老师寻找教育专家和名师作为导师，寻找兄弟学校的变革先进教师作为发展伙伴。

四是构建有利于变革的认同性文化，设定切实可行的执行目标。每年寒暑假，都举行大型会议，发表热情洋溢的有关变革的讲话，梳理一段时间以来变革的成果与经验，设定一学期变革的执行目标，不断把变革推向新的高潮。在变革关键性事件发生时，及时组织一些专题性会议，及时总结经验教训，调整思路，修正策略，努力把变革引向正确的方向。组织一些比较庄严的仪式活动，让优秀教师上台展示自己的经验，为小有成就的老师召开教学思想探讨会，评选宣传变革创新人才。不断为教师设计成功路线，在变革的路上相互扶持，让参与变革的教师不断产生力量，尽量舒缓变革困难和风险所带来的恐惧感。

五是运用评估程序，跟准关键性的变革事件。学校根据变革关键性事件（包括成功与失误的事件）和内容，制定切实可行的评估方案和运行制度，对相关的文本材料和现场活动都会进行细致严格的检查与评价，其评估结果与教师日常考核挂钩。学校还注重组织相关人员，通过各种方式，如访谈、问卷调查、对话等，收集变革数据与信息，及时进行反馈，促动关键性事件的及时调整和高效运转。

原山东省基础教育课程研究中心李秀伟老师这样总结北宋一中的教学改革：北宋一中的教学改革没有囿于课堂几十分钟内部的效率挖掘，减负的重要领域应当包括课堂，所以，李志欣校长带领老师们从开发"三大学习指导纲要"入手提升课堂教学的品质，从开发校本课程入手补充教学所缺，从而走上了教学改革课程化的理想道路。其实，"三大学习指导纲要"是国家、地方课程校本化、师本化、生本化的产物。

令人意想不到的是，一场不经意的改革，却点燃了教师成长的欲望，引发了教师研究的信心与潜力。学校有不少教师开始热衷于教育教学课题研究，其成果不断地见诸《人民教育》《教学与管理》《班主任》等刊物。是改革创新，为教师们创设了一定的环境，解放了他们的思想，激发了他们的潜力。

改革创新，让教师们触摸到教育创造的乐趣，让他们感觉到与学生一起生活是快乐的、人格是自由的，让教师们把教学变成研究，把教学变成生活，让教育回归到人的人格、品质和情感的培养上来。

第五节 步入自己研究的心灵之地

在大多数人看来，学术研究是高等学校教师的事情，因为其教学的内容直接来自其学术研究的成果。但是，不管是高等学校的教师还是基础教育学校的教师，所从事工作的性质基本是相似的，即教师从事的是以知识和思想表达为工具的精神影响活动——教学，同时进行知识和思想的生产与创造——学术研究。虽然学术研究不是教学，但它和教学是密切联系的。

我认为，随着社会发展、现代学生身心的发展和新课程改革等的需要，中小学教师也不能只是单纯从事教学了，国外有不少教育家是在教学的一线诞生的，并且也一直在教学一线工作。随着中国实施素质教育，中小学教师素养的进一步提升已摆上了重要日程，单纯靠原先的经验来从事教育是远远不能适应教育和学生的需要的，中国的中小学需要教育家来管理，需要学者型和专家型教师来承载我们现在和未来的教育。因此，今后的中小学教师，不仅要教学，还要进行学术研究，这是可行的，更是必要的。

教师是教育自由人，但是大多数教师却总是认为自己不自由，学校有那么多的规章制度，有各个层级的领导，有教材和课程标准，有家长和社会等，总认为被什么制约着，自己的思想和才智得不到发挥，从而产生抱怨、自卑、烦恼等种种不健康心理，久而久之，就产生了职业倦怠感，没有了进取心，生活和工作感觉常被校长制约着，被考核评价禁锢着，被学生牵制着。教育没有了发现、创造和主动，教师的工作沦为为了他人，而缺失了自我意识，缺失了生活的激情和生命的活力。学校方面，大多数也都在循规蹈矩地推行着常规化管理，不想进行大胆的突破，没有关注教师的自主成长，没有一种理念和办法来唤起和引领教师成长的自我意识，管理缺乏民主性。殊不知，教师的自我教育意识是学校发展不竭的生命力，教师自我教育意识的沉睡，使许多精彩可行的教育资源失去了开发和利用的机会。

从一般教师与优秀教师的差异看，优秀教师的一项重要特质就是对教育教学具有高度的自我调节能力和自我完善能力。优秀教师在教学中能敏锐地发现问题，并在观察与分析、广泛收集关于自己活动的信息的基础上，以批判的眼光来分析问题，积极寻找新思想与新策略来解决问题，并在自己的教学实践中加以检验，使自己不断提高。

罗马最杰出的教育家和古典思想家西塞罗在他的家书中这样说："渴求真理、探索真理尤其是人所秉持的天性和爱好。因此，当我们已没有必要为工作上的事操心时，剩下的时间就会渴望看到、听到或学习一些新的事物，而且会想要知道创造的秘密，拥有实现一个奇迹的愿望，这是幸福生活所不可缺少的东西。"

但是，现实的教师，为什么不愿意去读书，去探索教育教学的秘密，而热衷于重复传统的行为，并让学生机械重复地训练，每天都在为丧失自己的爱好和天性懊恼呢？我想，是因为他们每天不得不为自己的工作而操心，单纯为了简单的生存，他们身心疲倦，没有多少自由时间。

教师返璞归真的生活在何方？我认为，教师应如同农民一样，要有自己的一块"责任田"。有人说，给了一个班和一群学生，这不是他的"责任田"吗？我说这还不是，这是教师被分给的具体的培育任务。教师真正的"责任田"，无需像农民的"责任田"一样，由别人去量分，只要自己善于思考、勤于探索，就会发现"新大陆"。这块"责任田"就是自己发现的具体的研究领域。

研究自由是教师创造性教学的源泉，是教师个性发展的动力。因此，作为教师，在自己发现的"责任田"里，必须热爱学习，把读书当成自己终生的事业，通过与思想相遇来学习教学，与专家相遇来学习教学，与具体研究领域相遇来学习教学，这具体的研究领域才是自己终身的栖息地，才是自己一生经营赖以成长的心灵港湾。在这个领域里，教师会很容易地找到自己所教学科的真谛，找回教学勇气，充实地、幸福地、平静地品位丰收的那份喜悦。

目前的学校教育科研依然存在研究与实践相互脱节的"两张皮"现象，我的观点是一定要为"自己"做研究，说"自己"的话，在研究中做"自己"。我比较喜欢行动研究法，问题的发生多在工作的实际情境之中，研究的目的指向实际工作的改进，研究计划并非在决定之后就一成不变，而是允许也必须随时检讨，不断修正以符合实际情境的需要。

一线教师尤其是年轻教师，可以做一些小课题研究，我认为，小课题研究最接地气，它能促进教师的专业化发展，使其找到自己喜欢的研究领域。

一、什么是小课题研究

小课题研究，是研究者采用一般的科学方法或合理手段对细微的教育问题进行观测、分析和了解，从而发现日常生活中常见的教育现象之间本质联系与规律的认识活动。这是教师的自我研究，是以教师自身教育教学过程中迫切需要解决的问题为研究对象，以问题解决、经验总结为研究目标，吸纳和利用各种有利于解决问题的经验、知识、方法，改进教育教学工作，同时提高教育教学水平，促进教师专业发展的课题研究。也称"草根式小课题"、微型课题或个人课题。

二、小课题研究的基本特点

小课题的特点可以用"小""近""实""真""活""短""平""快"来概括。

第一，小课题贵在"小"。

（1）选题切口小。这是开展"草根式"小课题研究的基本点，如"下课前五分钟的教与学""怎样提高教师发问的有效性""化学新授课的'引入'研究"等。所以要从教学过程的一个要素、一个环节、一个章节、一个案例、一个方面、一个专题、一种现象等入手，简单明了，易于操作。

（2）研究范围小。中小学教师的研究不必作高深莫测的理性思辨，也无需长篇大论的宏大叙事。应该从小处着眼，研究内容一般只针对教育教学实际中存在的一个问题展开，可以是在班主任工作或任教学科方面存在的问题，或只是一个教育教学细节。如："怎样提高学生的历史年代记忆效果"这个研究课题，研究范围不仅局限在历史学科，而且只是记忆方面，同时还限定了是历史年代的记忆，目标单一，有利于教师在研究中有所突破。

（3）所选问题小。"草根式"小课题研究的目的是解决教师遇到的一些细小问题，它贴近实践，扎根班级，扎根课堂，扎根学生，课题应在实践中不断修正，如"如何提高计算的准确率""学生上课懒得举手发言怎么办""怎样帮助学生建立数学错题集"。

（4）研究机构小。小课题研究的人员可以是一个人，也可以是几个人，如一个备课组，或是教师自愿组成的一个团队。人员构成应尽量简单。

第二，小课题研究要"近"。"近"就是贴近教学，贴近现实，不好高骛远，比如"数学应用题研究""学困生转化研究"。

第三，小课题研究要"实"。"实"就是要实实在在，摒弃大而空的描述预测，多一点实在的关注，类似于"怎样记住学生的名字""怎样排位"等。

第四，小课题研究要"真"。"真"就是要真研究、真讨论、写真文章、做真实践。

第五，小课题研究要"活"。小课题研究的灵活性主要表现在研究的过程上。它的选题论证、方案设计、立项开题、实施研究等都没有规划课题研究那么复杂。研究什么、什么时候研究、怎么研究，不需要囿于教育科研课题规划部门所提供的选题指南，教师可以"我的事，我做主"。

第六，小课题研究要"短"，即周期要短。

第七，小课题研究要"平"，即要适合教师水平。

第八，小课题研究要"快"，即要见效快。由于研究的周期短且基于在实际工作中解决具体问题，因而速度快、效率高，一个问题解决了，就可以转入到下一个问题的研究；一个问题解决了，就可以得到一点收获。它不需要触及该问题的方方面面，更不需要形成系统的经验总结，也不苛求一定要将自己的研究心得发表，关键是要让自己体味到"眼前一亮""心头一喜"的愉悦。

三、小课题研究的操作流程

第一，选题。

（1）在教育教学实践中碰到的问题中选择。

小课题研究的目的是解决教育教学中存在的各种具体问题，教师天天置身于教育现场，这是教育问题的原发地，比如"如何提高学生小组合作学习的效率""如何对待学生间的差异"等。教师可以从自己感到不很满意或需要改进的地方去选题，长期积累，挖掘出值得研究的问题来建立自己的"问题库"。

面对诸多的实际问题时，教师究竟该选哪一个问题作为小课题进行研究？这要从值得研究的问题的价值和紧迫性方面考虑。当问题成为困难时，教师需要分析问题的主要表现与原因是什么。继而查阅资料，学习借鉴他人的经验，寻求解决问题的办法。这样，教师关注、追踪、分析某个教学问题，这个问题就可以成为课题。如部分学生不能独立完成作业，主要表现在没有掌握所学内容，解决的办法是提高学生的课堂学习效率，培养学习能力，由此，可以形成一个课题："促成学生独立完成作业的策略研究"。

（2）在切磋交流中发现课题。

教师之间的切磋与交流是小课题的来源之一。交流可以开阔视野，让教师更多地了解教育教学情况，这样，教师自身没有意识到的问题可能会被激发出来，逐步形成小课题。

（3）在理论学习中反思出课题。

在阅读学习中，最为关键的是教师要时时注意结合自己的工作实际进行有针对性的思考，对自己工作中的相关问题或经验进行解读和分析，使有价值的问题或经验在联系、解读中逐渐清晰起来。

（4）从学生的反应中寻觅课题。

教师要多了解学生的反应，通过观察学生的言行，与学生交流，更好地发现学生现实的需要，解决教育教学中的问题，同时，挖掘一些教师意想不到的但有研究价值的小课题。

（5）从已有成果的应用研究中归纳课题。

研究的取向主要是将他人研究的成果应用于自身的教育实践。这类课题由于是学习他人的成果后，在教育教学实践中具体实施，比较适合年轻教师。一般要从教师自身感兴趣的他人成果中选题，但必须注意可操作性。

（6）总结经验形成课题。

教师结合自己的兴趣，对自我教育教学经验进行分析及总结，进行系统化的梳理和理性分析。这有助于帮助教师发现自己的教育教学亮点、成功之处，促进教师个性化发展，形成自我教育特色。这类小课题一般适合已经具有一定教学实践的骨干教师去研究。

（7）创新工作生发出课题。

这类小课题往往需要比较科学的研究方法，对教师教育科研素养要求比较高，因此比较适合具有一定科研能力的教师去选择。研究的取向主要为发现新规律、探索新方法、阐述新关系。

第二，搜集资料。

资料收集包括阅读书籍、查阅历史文献等收集书面资料，还包括通过实地调研、访谈获得直接研究材料，还可以通过体验取得有关材料，并对材料进行整理归纳分析，为下一步研究作准备。

第三，确定研究目标与内容。

小课题研究，教师不一定要撰写详细、规范的研究方案，但要明确自己的研究目标和内容。知道自己要研究什么，从而突出研究重点，明确课题研究要达到的阶段性目标和最终目标。必须明确课题要解决什么教育实践问题，该课题对教育教学质量有哪些方面的改善。

第四，实施研究。

要注意原始资料的收集与整理，做过的事情，要随时注意记录、反思和总结。要特别注重教育教学过程中一些有意义的细节，对细节的反思与改善，可以提升教学实践水平。要注意边实践边研究、边研究边实践，反复修正。小课题研究要注意淡化形式、注重实效，立足于教师个人的特点、兴趣和爱好，着眼于解决问题，改变思维方式。

教师要注意与同事间的合作与交流，必要时寻求专家引领。同时，管理者要注重课题研究操作的个性化，鼓励教师根据自身条件，选择、运用适合自己的方法和策略去开展研究，倡导有能力的教师尝试运用学术型研究方法开展相关研究工作，但不强制要求。

第五，研究方法。

中小学教师课题的研究方法主要是实践研究法，常用的有文献研究法、行动研究法、调查研究法、经验总结法、个案研究法等。研究方法的运用与研究内容密切相关。

第六，表达研究成果。

（1）倡导成长即成果。

对小课题研究的"成果"应该有一种新的认识：教师参与研究本身就是可贵的，研究的价值重在研究的经历，师生的成长就可以看作研究成果。

为此，要求教师把自己研究的课题融入到日常的备课、上课、辅导等教学过程中，融入到教育教学环节中，把困惑、疑难总结归纳成小课题，日日反思、周周总结，促使教师立足课堂，开展实实在在的真研究。同时，为教师提供总结交流的平台，研讨解决问题的方法、感悟等。当一个小课题研究的成果真正有效时，及时推广、持续应用会内化成教师的专业素养，提高教师的专业水平。

因此，当教师深入开展小课题研究时，面对问题，不要发牢骚，而应积极分析其中的经验、教训，寻求解决的办法。把研究作为自己的工作行为，能促进教师不断学习，相互讨论，分工合作，优势互补，资源共享。从埋头工作到学会总结反思，可以改变教师工作、教学的习惯，实现教师由经验型到科研型的质的飞跃，产生一批有价值的科研成果，造就一支科研骨干队伍。

(2) 注重多元化的成果表达。

小课题的成果表述，不宜脱离教师自身的实际可能性，而去追求高深的理论阐述，应力求避免空洞、抽象和程式化，用适合自己的表现方式来展示成果。倡导小课题成果表达与教师工作实践相辅相成，并呈现多元化，这样，既可以解决教师日常工作与研究的时间冲突，又可以促使教师在表述成果的同时产生新体会、新发现、新认识，进行新思考。小课题的成果表达丰富多彩，综述如下：

资料类：学习笔记、读书笔记、资料摘记、卡片摘录等。

总结类：阶段总结、经验总结、统计表格等。

报告类：调查报告、个案报告、实验报告、研究报告、结题报告等。

论文类：论文、教育叙事、反思、研究日志、随笔、教育评论、心得体会等。

案例类：教育案例、教学课例、实验练习册、教学设计、精彩教学片段、一个问题的界定和系统回答、成功做法等。

课堂类：示范课、展示课、公开课、研讨课、观摩课、优质课、创新课、说课等。

音像类：各种照片、影像资料等。

软件类：多媒体课件、软件、网页等。

活动类：论坛、研讨会、辩论会、推介会、现场会、报告会等。

实物类：学具、教具等。

发表类：论文、图画、书法作品等。

获奖类：在各级各类比赛中的获奖等。

专利类：专利作品等。

学生作品：手抄报、小制作、小发明等。

创新类：设想、猜想等。

小课题研究的要素包括具体的研究对象、现实的触动描述、鲜明的意旨表达、可行的方法设计、清晰的程序勾勒、大致的成果预期等，可谓"麻雀虽小，五脏俱全"。

我们应该清醒地认识到，小课题研究的目的主要是发现新知和解决问题。概括地讲，它必须包含这样几个要素或要求：一是要主动学习，进行研究意义上的文献查寻。二是研究是针对问题解决进行的，要力求解决问题的多种途径，有效地进行创造、创新。三是不断思索钻研，善于捕捉思想的火花和智慧的灵感，发现事实和解释事实，对理论和规律进行寻求、修正和应用，以期发现、创造。

做"自己"的研究，步入"自己"的研究领域，是一件十分快乐幸福的事情。我们一线教师有不同于理论研究者的"研究"范式，我们思考、实践、改进、再实践，就是在做研究。如果真能做到将工作当成研究，就能够大大提升我们的工作水平，这是走向名师的一块敲门砖。

第七章
如何处理好同事关系

自我修炼要点:

1. 埋头苦干,虚心向学

2. 超越功利,改善自我

3. 心怀感恩,胸襟开阔

4. 懂得宽容,敬畏他人

5. 管好自己才能管好一切

本章导读

　　教师作为知识分子，自古就存在"文人相轻"的性格特点。当然，这不能代表新时代教师的交往形象。新时代教师之间应该如何交往呢？这个问题有时会缠绕着某些教师的心灵，尤其是那些刚刚毕业参加工作没有几年的新教师。作为教师，比较在乎他人对自己的工作和为人处世的看法，也就是比较要面子，他人的不公正评价或误解有时会让一些教师内心深感纠结，从而迷失了自己的发展方向，找不准自己的成长目标，伴随着飞速运转的岁月，走向倦怠的职业人生，直到退休、老去。

　　我个人认为，这种纠结的人生主要与自己的修养有关系，还没有构建好自己的人生格局，每天仅仅禁锢在当下、眼前的琐事上，缺乏远大理想与成长规划。长期"应试教育"下对教师工作业绩不公正、不科学的评价机制，如以教学成绩为主要评价指标的教师考核制度，把教师硬硬地分成"三六九等"，以及职称认定带来的教师之间的无形竞争，都影响了教师之间的正常交往。另外，当下教师繁杂的工作带给教师的精神负担与心理压力，让教师心理变得焦虑、压抑，时间久了，也会影响教师之间的交往质量。

　　要想做一名幸福的教师，过一种幸福完整的教育生活，我强烈地呼吁：老师们，当学会轻松愉快地与同事交往，处理好同事之间的关系，如此，方能使自己身心健康、工作效率高。

第一节　埋头苦干，虚心向学

不管你被分配至什么学校，你总是要与同事交往。这些同事有干部，有一般教师；有男教师，有女教师；有比你年龄大的，有比你年龄小的；有脾气急的，有脾气慢的；有敬业的，有拖沓的；等等。可以说，你会遇到交往与合作的诸多挑战。我从一开始走进学校，就一直保持着"埋头苦干，虚心向学"的态度，不仅注重加强自身的学习，更注重向身边的所有人学习。

至今，我已在六所学校工作过，有三所在山东省，有三所在北京市。下面我以在山东工作过的学校为背景，来谈谈我的感受和观点。

第一所学校叫利津县付窝中学，这所学校地处该县东北角，在黄河入海口的岸边，有大片的盐碱地，十分荒凉。这里的学生家长都是靠种地谋生的，教师大多是本地的，而我是外地的。当时，我是不情愿来到这所学校的，自己念了多年的书，大学毕业了，却被分配到这个偏僻落后的地方，感觉很没面子，对不起通过辛勤劳动供我上学完成学业的父母，自己的前途好像一下子就被抛到悬崖谷底。

但是，自从第一次手拿课本与粉笔，走进了自己的班级，面对几十个年龄比自己小不了几岁的学生，我却忘记了一切，从此便沉浸在工作中，每天起早贪黑，风雨无阻，在这所学校一干就是12年，我的青春都奉献在这里。

在这里，我不像其他教师一样，下班后可以回家，我只身一人住在自己的宿舍里，这是一间陈旧的平房，冬天靠煤炉子取暖，夏天靠一个吊扇纳凉。每天晚上我都认真备课，批阅作业，阅读一些教育杂志和书籍，如饥似渴地涉猎一些先进的教育理论和教学管理方法，这在第一章里有所介绍。白天，我认真上课，与我的学生们打成一片。越野赛初选，我与学生一起跑个来回；周末时间，我与学生一起带上锅碗瓢盆去黄河边野炊；歌咏比赛，我与学生一起策划创意方案……

我经常帮助那些中年女教师看她们的小孩，帮助同事做教具，帮助老教师劳动，因为自己的勤奋工作与骄人成绩，我很快赢得了大多数人的认同。学校领导也越来越赏识我，我承担的工作越来越繁多。记得我工作量最重的那几年是这样的：两个班的英语课兼一个班的班主任、学校教务员兼全校的印刷任务、年级主任兼语音室管理员。那几年，我常常是走出教室就走进印刷室，走出印刷室就走进语音室，走出语音室就挤时间走进各个村子家访，有时感觉累极了，腰疼得像断了一样，但我的教学成绩一直是最好的，我的班级也是成绩和各方面比赛最好的。我很快就被提拔为教导处副主任，职称也是到了年限就顺利晋升。2004年8月，我由教导处副主任被破格提拔为副校长，当时曾经在全县引起轰动。

当然，我的优秀表现与业绩也曾经一度引起个别干部和同事的嫉妒，他们经常相约在一起喝酒打牌，故意不叫我，甚至有时会在校长面前说我的坏话，但是我坚持我的本色，我明白一个道理：吃亏是福。

在管理年级时，为了给学生减负，我不允许教师为学生布置大量的课下作业，有的老师曾经与我吵过，有的找到我家与我辩论；我值班按制度办事，有的老师曾经用手推打过我，有的曾经骂过我；我不会与校长交流，校长曾经无故批评过我，曾经冷落过我，曾经封杀过我。当然，我一定会感觉痛苦的，心中有各种滋味，但是我的本钱就是越发努力工作、越发谦虚向学、越发尊重他人。

第二所学校叫利津县北宋镇第三中学，这所学校也以偏僻落后著称，地处该县的最西南角，教学成绩已经连续十年全县倒数第一了，县教育局把我调入这所学校的目的是协助校长的工作，率先垂范，来挽救这所学校。作为副校长的我，兼任毕业班的年级主任、担任班主任、教两个班的英语。每天，我都盯在教学楼里、加班备课、批阅作业试卷；还要组织各种学校管理会议、参加各种常规检查、参加县教育局的各种会议；晚上还要关心住宿的学生；等等。一年后，学校三个年级均迅速提升至全县上游水平，县教育局号召全县各级各类学校向我们学习。我知道，这不是我一个人的功劳，但是与我的以身作则、身先士卒是分不开的。

在这所学校，我同样遇到了部分教师对我的不理解。比如有的教师把我通报教师过量布置作业的小黑板偷偷拿走，有的教师把我张贴在墙壁上的通知用笔画上叉号，数学组在检查备课本时曾经集体都打了10分，等等。我全然不顾，仍然全身心投入到工作中，白天工作一天已经很劳累了，我晚上仍然坚持读书学习写论文，我的两篇论文分别发表在核心期刊《中小学外语教学》和《中小学英语教学与研究》上。2004年我破格晋升为中学高级教师，2007年3月被提拔为北宋镇第一中学的正职校长。

第三所学校自然是北宋一中了。在这所学校里，我与老师们轰轰烈烈地搞了一场别人视为另类的改革，叫"'零'作业下教学改革实践"。在北宋一中的故事和关于这场改革的情况大家在前面的章节里已有所了解，如果想详细了解，可阅读我所撰写的论著《博弈中的追求——一名中学校长的"零"作业抉择》（西南师范大学出版社），可关注我的个人微信公众号"零作业下教学实践研究"，还可加我个人微信号直接与我联系，我的个人微信号是"志存心诚"。我们可以互相学习，共同成长。

下面这篇短文可以见证我的努力、成就，展现了我遇到的困境与苦恼，但是我坚持下来了，靠的就是一直"埋头苦干与虚心向学"。是坚守，成就了我，不仅成就了我的专业生命，更历练了我的精神气质，让我变得更加坚强，更加从容，更加专注于我的事业。

我是2007年3月调任该校担任校长一职的，2014年8月我主动辞职，算起来共计七年四个月。

为走出以往作业改革的"囚徒困境"，探索有效破解"题海战术"的全新路径，我提出并带领一群农村教师实施了"零"作业教学改革。经过七年多坚持不懈地实践探索，"零"作业教学改革不仅取得了突出成效和丰硕成果，而且成为农村学校有效推进素质教育、课程改革与教学创新的重要抓手，成为"减负增效"的重要方法和途径。该项成果于2014年荣获教育部首届教学成果二等奖。我本人也在这七年里取得了突破性发展，先后荣获山东省特级教师、教学能手、优秀教育工作者、十大创新校长、十大教育新闻人物、东营市名校长等多项荣誉称号。

看了以上文字，大家可能会感觉这场改革以及我个人的发展都是比较成功的。窥其本质，它终于能让学生少一些机械、被动的写作业，多一些主动、有效的学习。它似乎实现了让作业与学生成长更好地融合，与课堂教学的变革更加有机地接合。"零"作业改革的终极目的是期望有一天能够还孩子一种学习的真相，重建我们的教育。重新建构不是暗示我们去做一些花样翻新的加法，重新建构的目的是唤醒良知，其宗旨自然就是努力让老师创生自己的课程，为学生成长提供适合的课程，学校教育就是最大限度地实现每个学生的发展。如此一来，教师、学生、家长都得以减负，自由的思考回来了，智慧在这里产生，能力在这里锻造，生命在这里绽放。

但是，令人心痛和不解的是，在这样美好的改革中，在这七年多的时间里，我却一直负重攀行，颇受争议。

学校部分干部因受传统思维影响、工作压力加大而抵制改革，我理解；教师因其常规生活被打乱，工作量增加，有反对思潮，我理解；家长因孩子回家无事可做，找到学校责问，我理解；学校改革蜚声省内外，业内同行因羡慕嫉妒，发出诸多非议的声音，我理解。

但是，作为实行"校长负责制"学校里的校长，没有"人权"，教师被调来调去，自己却全然不知或没有能力阻挡，我不理解；因改革的影响越来越大与改革创新的需要，校长外出学习交流被莫名其妙地限制，我不理解；自己精力用在学校改革事宜上的时间较多，而与有关人交往少，被认为做人不全面，被要求换人，我不理解；记者慕名来学校采访宣传，众多教育考察团来学校参观学习，不少人认为校长在沽名钓誉，我不理解……

以上诸多的理解与不理解，说到底，我并不是在抱怨某些人、某些事，更不想详尽地去叙述缘由和经过，因为这都是学校内外体制所带来的尴尬，它是一名教师、一个校长、一所学校无法解决和回避的问题。我之所以要说出这些，是想做一次佐证：大自然是神奇的、公正的，改革虽然困难重重，争议纷纷，它却坚强地挺立着，仍然是硕果累累，这充分表现出了它生命的顽强。它勇敢地揭开了过去"应试教育"下作业、教学与教育的假象，揭开了当下教育改革之所以举步维艰、收效甚微的神秘面纱，它还给了孩子们学习的真相。

……

至于未来，我当然是期望回到原点再出发，一如既往地去追求我的事业，永不言弃。也许，在不久的将来，我的这些探索与实践，会开出更多的花，结出更大的果实！

第二节 超越功利，改善自我

有资料显示，现在教育工作者的心理疾病、工作焦虑、职业倦怠等指数都居各行业前列。曾有人做过调查发现：54%的教师存在心理问题，近70%的教师感到心累、精神疲惫，48%的教师有焦躁、失眠等症状，36%的教师感到有时难以控制自己的情绪。普遍的职业倦怠、普遍的亚健康状态，这是老师身体和心理的双重倦怠。而这，会严重影响教师之间的交往质量，因为常常感受不到教育幸福的熏染，牢骚、纠结、愤怒、彷徨、心急、无奈等不良情绪缠绕着老师们，老师们的内心蜷缩在一个狭小的角落里，常常会因为常规考评成绩、职称评定、课时安排、福利发放等一些鸡毛蒜皮的事搞坏同事之间的关系。

那么如何通过完善自己，修炼内心，来改善与同事之间的交往现状呢？

陶继新老师可以说是我人生当中遇到的第一个"名师"，我从他身上学来了做人、做事与做学问的真经。他说的话也许能给大家一些心灵与精神的启发。我先简单标注一个关键词：超越功利。

上小学和初中的时候，我是个欲言还羞的学生。那个时候，如果说我将来会在全国很多地方讲演，肯定不会有任何人相信。看来，人是不断发展且能改变自身生命走向的。

那么，使我比较从容地在各地讲坛上言说的内在因素是什么呢？我想，这也许是不少人想要了解的一个问题吧！

第一，要有一定的文化资本。我没能上名牌大学，并不是说自己高考成绩不佳,相反,考得非常好,只是因为"政审"问题,在别的学生入学一个月后,才被补招到济宁师专的。当时穿着一身破旧且满是泥土的粗布衣服走进这所学校78级中文班里的时候,好多学生像看怪物一样用眼光审视我。但是,我一点儿也不自卑,我相信自己的文化实力。因为,在我的记忆里,我就一直没有和书疏离过。即使在农村没白没黑地干着苦活,在异地寒风凛冽中拉着沉重的排车行走的时候,我都是与书为伴,以读为乐的。读书成了生活的必需内容,甚至成了我的审美追求。特别是高品位的阅读,甚至是背诵,几乎从来没有停止过。就是今年春节,我也还是早起上山,在几乎空无一人的山林之中,背诵《周易·系辞》的形上之语。

重复他人的话语,无异于鹦鹉学舌;经由文化积淀而形成的思想,才是生命的活水。文化的不断积累,使我在不知不觉中,构建了属于自己的话语系统。所以,我在不同地方、不同时间讲同一个报告题目时,都不是对上一次报告内容的重复,而是多有即兴的另类话语或超越既往的思考。有些教师曾经连续四五次听了我的同一报告,过后大都惊诧不已地说:"怎么每听都有变化啊!"其实,变化的背后,是我每天读书有所收获之后的必然结果。我甚至说:"今天的陶继新,一定超过昨天的陶继新;明天的陶继新,一定超过今天的陶继新!"生命不是对既有状态的重复,讲演亦然。只有在不断地自我超越中,才能常讲常新,越讲越有品位。

第二,要有丰富的生活阅历。这似乎与讲演没有太多的关系,但是,对我而言,却是至关重要的。古人主张"读万卷书,走万里路",之所以将这两者并列起来,并不是没有道理的。"走万里路",是指超越常人的经历,甚至是特别艰辛的经历,有的时候,还有关乎生死的磨难。这种特殊的人生经历,可以将你锤炼成百折不挠的人、永不言败的人、充满自信的人!对讲演而言,这是一种隐性的力量,外化出来就会是一道特殊的风景。比如,不管在任何场合,不管面对什么样的听众,不管我此前多么劳累,我都会充满自信且精神饱满地走上讲坛。这种自信,如行云流水一样,出诸胸臆,显诸言语,从而对听众投注一种思想的力量。所以,我之所讲,不是就事论事,比如讲读书,其间定然有超越于一般读书价值的东西,这里面就有我死里逃生之后的生命感悟。

由于出身卑微，太多苦难，所以，不管取得多么骄人的成绩，不管遇到多么热烈的称颂，我的心里深层都有一种声音徘徊不去——我当过农民，甚至连一般的农民的权利都被剥夺过。所以，我永远不会得意忘形，甚至成绩越大，越是严格要求自己。在一般人看来，甚至我有点谦卑，但是，我又感到本该如此。所以，我特别看不起那些有点名气就摆起架子来的人，因为我血液里流淌的是一个"吾少也贱"的情结，我愿意以内心的谦卑来对待每一个面对我的人。在我的心里，人无高下，灵魂皆为高贵，"三人行，必有我师焉"。

第三，要有自己的话语基础。人生在世，需脚踏大地，不然，将无以存生。讲演也是这样，要脚着"大地"。只不过这个"大地"，是讲演内容的来源而已。我的讲演来源，就是我所采访的专家、校长、老师和家长、孩子等。这是不是谦虚呢？不是。我讲演的取例，大多来自我的采访对象。他们身上有太多令我感动和学习的东西，这些东西一天天地积累，一天天地成为我的话语基础。如果脱离了日积月累的采访，我就会有一种悬在太空的感觉，心里很不踏实。对听众而言，也就缺少了必要的可信度，也少了感动人的深层内涵。由于所讲多是来自自己采访的对象，所以，信手拈来，却是其真实生活与心灵境界的呈示。有好多人说，陶老师，你常年到全国各地采访，又亲自动手写作，是不是太累了？如果说一点儿也不累，那不真实。但是，从总体来说，我是快乐的。因为采访的过程，也是不断丰富我的话语系统和提升思想品位的过程。为什么说"问渠那得清如许？为有源头活水来"？因为没有属于自己的"活水"，即使你现在有不少"水"，或者从别处买来许多"水"，也会因为自己之用和风吹日晒，终有枯竭的一天。即使一时没有枯竭，也会越来越没有深度，没有生命活力。

第四，要有一定的使命感。这似乎说得大了些。可是，我却常作如是想。我的生命成长历程，在某种意义上说不是属于自己的，它有太多的普世意义。我所采访的人，有太多可以启迪人的价值。如果将这些东西隐匿起来，我觉得对不起我所认识和不认识的人。所以，我到各地讲课，有不少承办单位往往问我讲课费多少。我说，随便，不给一分我也讲。事实上，我就是这样做的。不是自己多么伟大，而是定位于自己的讲课是给听者一定的人生启示,是给听众走向幸福之路一点建议。也许有的人因了我的讲课,在某一方面有了一点儿进步,特别是由此改变了自己的人生,我就会从心底感到特别的愉悦。我不是救世主,但我可以尽我自己的力量,使更多的人幸福起来。所以,我特别将孔子的"己欲立而立人,己欲达而达人"的话作为自己的座右铭。

美丽的希望虽在,可是,事实上能否达到既定的目标,则又另当别论。我还将一如既往地学习下去,包括在大家的批评中汲取营养,从而不断地丰盈自己的精神世界。

(陶继新:《做一个幸福的教师》,华东师范大学出版社,2008年1月)

陶老师的这些至理话语,给我们提供了一条专业自我发展的路径:教师的专业化成长和教师的职业幸福感是相辅相成的,当教师的职业幸福感强的时候,就会促进个人的专业成长;如果教师个人的专业化水平较高,又可以提升自身的职业幸福感。如果大家能够在日常的生活和工作中去自觉地效仿践行,就能体会到教育不是牺牲,而是一种创造。

做教师是赚不了大钱的,很多教师为此感到不平与苦恼,聚在一起怨天尤人。可是,事实上,一个人的幸福程度的高低与金钱的多少是不成比例的,并非钱越多越幸福。教师这一职业很受人尊重,教师是基于社会地位而非经济地位来获得尊严的,教师精神上的富有获得了社会的认同与尊重。这就是一种幸福。

正所谓一分耕耘,一分收获。试问:这个世界上,最美好的事物是什么?莫过于孩子。孩子们有最纯真的心灵,最诚实的态度,最善良的愿望,他们集真善美于一身。而我们教师,由于工作的特殊性,有幸能天天和最美好的孩子们在一起学习生活。这就是一种幸福。

幸福是一种体验,让孩子们享受教育的幸福,让我们在幸福的教育中成就自我,这是教育的一种至高境界。就让我们在今后的共同生活中追求这种境界吧!

当有了这种幸福的体验,与同事的沟通交流就能做到道法自然、行云流水,就不会因为一些自认为不公正的事情影响与同事的关系。"改变不了环境，那就改变自己"，从此不再满腹牢骚，开始与书本为伍，与学习为伴，和学生同行，渐渐地心态会发生变化，原先看不惯的事情不再在眼前出现了，原先看不顺眼的人开始变得不那么讨厌了，原先糟糕的人际关系也开始得到彻底的扭转。因为自己的内心是平静的，是向上的，当一颗充满了道德良知的心向大家打开时，谁还会不理解、不接纳、不喜欢呢？更重要的是，从此以后，自己会在教育教学中收获接踵而至的意想不到的成果。

第三节　心怀感恩，胸襟开阔

在学校里，我常常能遇到一些这样的老师，他们工作能力很强，业绩也很突出，学校自然会把一些荣誉向他们倾斜，因此他们发展得很快。大家也许会认为，这些老师一定会感恩学校、感恩曾经帮助过他们的人。但是，结果恰恰相反，他们往往成为记恨学校和曾经帮助过他们的人的一种人。而那些平时工作默默无闻，仅偶尔获得帮助的老师反而是最懂感恩的人。细分析学校里存在的前一种人的心理或性格特点你会发现，原来他们已经习惯了得到所谓的"好处"，比如有十项"好处"，给他们九项，只要有一项没有得到，他们就会不高兴，认为对方是多么的不公平。

这种人每个学校都有，我会感谢他们对学校和对学生作出的贡献，但是不敢苟同他们的为人态度，为此，我曾经无数次地痛苦过。在此，我奉劝大家，不要做这样的人，我们应该信奉这样一句俗语："滴水之恩，当涌泉相报。"一个人没有权利要求他人给予自己那么多"好处"。从长远发展看，这种人的发展道路是不长的，但是他们自己却往往浑然不知。

在同样的工作环境下，面对同样的教学任务，有的人能取得成就，有的人一事无成，更有的人，喜欢巴结上级领导，靠行政背景混日子。因为耽误了自己的专业成长，在业务上不能服人，这样的老师往往没有群众基础，也会影响自己与同事的交往。

著名杂文家、特级教师吴非在《教师职业的使命与荣耀》一文中说：

在一个教学群体中，如何在尊重他人的同时发展自己？我说并不难：能容忍不同的意见，特别能容忍聪明人，容忍正直正派的人。这样的话如果让外国人听了，也许会莫名其妙，而在中国，同行之间，最难处理的正是这些问题。

落后腐朽的文化，也残存于教育界。我不止一次地听到教师的抱怨：当他们取得一些成绩时，常感芒刺在背。一般而言，有成就的教师，他付出的劳动和心血必定超过常人。他的努力，在于他肯吃常人不愿吃的苦。无视他们的辛勤付出，只盯着他们获得的名利，人就有可能变得偏狭，焦急暴躁，心理阴暗，乃至妒火中烧。如果教师有这样的心态，他的工作情绪会大受影响，非但不会有什么成就，其庸俗作风还有可能传染给学生。

该吃的苦不肯吃，该做的事不愿做，只希望靠年资优势倚老卖老，背靠落后的权力体制，倚仗共同利益圈子，做八面玲珑的"乡愿"……一些同行看到了"清者之悲"和"浊者之乐"，价值观发生混乱。在一些文教单位，拉帮结派、不讲原则的庸俗作风一直存在。

心胸狭隘的人，总会把同行贬得不值一文：同行爱好读书，他马上就批评"教师的主要任务是教书"；同行发表了几篇学术论文，他就说"评价教师还是要看课堂教学"；看到同行上课受到好评，他又会说"只能上课不搞科研不行"。而如果自己样样不如人，什么都比不了，他又会说"没有生活情调有什么意思？"他从来不肯说"很抱歉，我不懂""我不会，你能告诉我吗""不好意思，这本书我没看过"……为什么有些教师心胸狭隘？除了一部分性格原因，最主要的，是懦夫懒汉意识在作祟。如果他想致力于教学研究，不管环境有多困难，只要尽力而为，总不至于一无所获。

（吴非：《致青年教师》，教育科学出版社，2010年6月）

吴非老师说的这种现象，这样的老师，在教育圈里、在学校里并不少见，这样的老师往往得不到大家的尊重，在一所充满正能量的学校里，大家会对他敬而远之，而更愿意接近胸襟宽阔、永怀感恩、阳光大气的教师。

要感恩曾经帮助过你的人，他们是你人生中雪中送炭的人，让你能更容易获取成功；还要感恩曾经伤害过你的人，他们让你的头脑更加清醒，不断促使你反思自己。这些人是你的父母和亲人、你的同学和朋友、你的学生、你的反对者，等等。你还要感恩你的年级组、教研组等团队，更要感恩你的单位。

感恩需要胸襟开阔，需要学会珍惜。我做教师一直奉行如下原则：一是珍惜自己的工作。感恩那些让你多做事的人、给你压力的人、给你平台的人。让你独当一面时，那是你的机会，是对你的信任。当别人给我工作，很多是额外的，我都不会推辞。当同事找我帮忙，我都会欣然应允。我认为，成长是在做事中实现的。我经常对年轻人说："让你干活，才是叫你成长。"二是珍惜学校里的各种关系。一个人只有处理好各种关系才叫有能力。自己多受点委屈，不要与一些人或事去较真，尽量不去争高低。处理好各种关系，自己的心情才会感觉到轻松，幸福指数才会不断提升。我以前由于年轻气盛犯过一些错误，比如与校长闹了矛盾，与同事有点摩擦，游离于教研组等，记得当时双方都很生气，现在想起来仍然后悔不已。三是珍惜自己已经拥有的。要学会及时调整自己，使自己在枯燥无味的工作面前，有一种常新的感觉，面对每天都要打交道的同事，常怀一种感动在心。你已经拥有的，往往失去了，才会感到它的价值，但是，失去的不会再回来。因此，要好好珍惜你身边的人们，你的单位与团队，以防抱憾终生。

做了校长后，我便想做一名人本化的校长。自己必须富有同情心和责任心，有宽广的胸怀，能够做到以身作则。一次，我组织班主任开一个关于安全的会议，其中一个班主任因为给她算错了班主任津贴，在会前一直发牢骚。我对她说："你可以到相关部门去查询，在这里就不要提及这个问题了。"这个老师甩出了一句话："算错了还不能说吗？"然后她愤然离场而去。这位老师一向工作认真，业绩良好。对此，我经常表扬她，自然对她怀有感恩之心。过后我并没有因此事而找她，这事就不了了之了。几天后当她见到我时，我感觉到了她的不好意思。我听其他老师说，她知道自己那天做得有点不妥。其实，这是最佳的处理结果，对双方均没有造成伤害。

每一名教师都应该自觉地去追求和谐、幸福、自由的生活。人都是生而为幸福的。来到人世间，没有哪个人不想让生活过得幸福、快乐、美满。过上和谐、幸福、自由的生活，应该是我们每个人生命价值的最高体现。先贤们认为"和"是事物发展的最高境界，"天地和，而万物生焉，四时兴焉"，"父子和，家道济；夫妇和，义不分"，人与自然的一切努力无不在向着这个目标前进。实际上，"和"这一思想的诞生是人类渴望至真、至善、至美的真情流露。我认为，这也是我们学校发展必须追求的目标。和则万物共生，和则生机盎然，和则幸福自由。"师者，人之模范也。"教师的一言一行，都是学生学习的模范。教师是"孩子心中最完美的偶像"，对孩子心灵的影响是任何教科书、任何道德箴言、任何奖励和处罚制度都不能替代的。教师不仅仅要在言行上做学生的健康引路人，还要在心灵上做学生的健康引路人。

江苏省天一中学沈茂德校长说："你若真爱孩子们，你若痴迷般地挚爱校园生活，你就会看到校园生活的美丽，看到心灵伟大的教师和值得崇拜的孩子，还会看到理想教育与现实之间的矛盾和距离，就会自觉去改革，去探索，去创新。"

是啊，作为一名校长，最根本的职责应该是这三点：创建一个美丽的校园，去改善教师和学生的生活；看到心灵伟大的教师，关注老师精神层面的成长；发现值得崇拜的学生，满足每一个孩子的个性化需求。如果围绕这三点去办学，这所学校应该不会没有发展，应该不会没有生机。

如果你想创建一个美丽的校园，就应该去营造一个真正的学园，使其成为一个真真切切为学生着想和服务的环境，有满足学生多种学习方式的空间，时时处处都有教育的意义，容易获得可供学习的课程；如果你想看到心灵伟大的老师，你就应该解放他的职业兴趣，尊重他的话语权，为他的研究提供尽可能的资源，帮助他实现自己的人生价值，形成自己的成果，最终塑造好自己的产品；如果你想发现值得崇拜的学生，你就应该多关注细节，做好关乎"爱"的冷暖之事。每一个学生的意见与需求你重视了吗？每一个学生的情感与人格你意识到了吗？每一个学生的兴趣与潜质你尊重了吗？如果你做到了，将是对这个学生莫大的鼓舞，你又在不知不觉中帮助了你的老师们。

如果做好了这三点，老师、学生甚至家长们都能感觉得到。有一位家长给我发来一段微信说："前两天孩子和我开了一次玩笑，说：妈妈，我们换校长了。我听了之后，心里的疑惑、沮丧、失落、无望、不信等各种情绪交织在一起，就是没有注意到孩子的表情。在我的再三追问下，孩子才说：我们小学换校长了。听完后我大大地松了一口气。是您让我们对学校和老师们燃起了希望，有了信任，也有了对孩子的未来的憧憬。您已经是孩子们美好未来的希望了。"

一位老师这样说："自您来到分校后，我们切实地感受到了校园的变化。电子屏幕上：为了祖国，好好学习，好好锻炼。校风：静静挂在枝头的桃子。每栋楼有了它自己的名字，仿佛有了生命：知健、知坤、知书、知礼、知行、知化。感谢您为学校带来了新气象！"

看看，所有关心学校的人，与学校有关的人，对学校的变化是多么的敏感与好奇。因此，我们更要心怀感恩，胸襟开阔，善待他人，珍惜关系。

教育本质上是一项与人打交道的工作，它需要与学生、同行、家长甚至其他一些社会关系进行密切的交流。从某种角度而言，在教师个体成长的过程中，沟通与协作是非常重要的，封闭自守、孤芳自赏，或盯着自己的既得利益不放，把自己困在"小我"圈子内的教师，无论是做人还是做学问，都是很难成大器的。只有打破"小我"藩篱，在开放的环境中成长，才能通往成功和幸福。一名连同事关系都处理不好的老师，也很难与学生、家长甚至是社会中人处理好关系，更难成为一名优秀的教师。

第四节　懂得宽容，敬畏他人

《易经》中说："直，其正也；方，其义也。君子敬以直内，义以方外。敬义立而德不孤。""直"是说人应品性纯正，"方"是指办事应合乎理义。君子以恭敬慎重的态度作为内心的正直准则；以合乎理义的行为处理外界事务。有恭敬慎重的态度，合适地处事，就能广布美德，得到众人的信任支持。"方义之道"独具中国特色，中国历史上有很多以信义著于四海的人物，他们岂止"不孤"，而且常常很有号召力。他们有了直方大的品性，能毫不犹豫地去做一些义举。

作为学校的校长，每天行走在教育的路上，有很多的内外事务缠身。内要安排好教师的工作，搞好多方面的教育教学任务；外要处理好周边复杂的社会关系，协调好与上级各部门之间的事宜。但是，往往在现实中，很难同时做好这两方面的内容，校长往往更多地忙于校外事务。过多的外界事务的影响，淡化了校长本质的功能；校长应立身于学校之中，应深入到师生之间，应游历于课堂之上；校长还应天天读书学习，勤于思考，善于写作，惯于创新，锐意改革，指导课程改革，引领课堂创造，顺应学生成长规律，探索适宜的有效的儿童化的教育活动，让教师自主发展，学生自然发展，学校和谐发展。

而想要让校长能够长期坚持静雅之态，时刻出没在校园的环境中，远离社会世俗的东西，把主要精力用于研究课堂教学，研究教师成长，研究学生教育，又要腾出时间处理好外界的各种纷繁复杂的矛盾，我认为，如果没有直方大的心态和境界，是很难做好的。

在处理学校工作的艰难经历中，总有学校内外之事的困扰。如一所学校在教学质量方面处于低谷，外则有很多的闲言碎语，伴随着埋怨、诋毁、讽刺、愤恨等情绪；内则会出现一盘散沙的局面，人心背离、互相抱怨、松松垮垮、矛盾重重、情绪低沉等。如果一所学校发展势头良好，并且在某方面小有名气，外则产生嫉妒、不服气、不理解、怀疑等心理不平衡现象；内也会随之生成相应的矛盾，如不能理解、思想固化、不以为然、互相争功、故步自封、骄傲自满等。

内外交困，如果校长没有"敬以直内，义以方外"的心态和胸怀，便不能解决身边的这些问题，不能迅速让一所落后学校有所提升，也不能使一所先进学校持续发展。

我的观点和做法就是淡化一切关系，以自己的工作精神与专业水平作为交往、处理问题的基础，"心底无私天地宽"，只要把自己的事业做好了，把自己管理的分内工作做好了，自然就会赢得上级和社会的认可，不必每天绞尽脑汁去捉摸他人、去讨好他人。我曾经向一位家长——当然我们已经成为朋友了，倾诉我过去的工作得不到某位领导的支持。他的一句话让我震惊，他说："人家凭啥支持你！"是啊，自己凭啥来赢得他人的支持！

平时的生活或者工作当中，一些人因为一些小事而没有宽容对方，如教师因为学生一次考试错了一道题让学生重写一百遍，领导因为职工的一次所谓冒犯不再给职工发展的机会，下属因为不认同领导的管理意图便在群众中大发牢骚、消极怠工，等等；也存在因为你的宽容他人认为你软弱可欺，因为你的宽容有人会得寸进尺，因为你的宽容可能使局势变得糟糕透顶，等等。这些也曾让我对宽容的未来充满了疑惑。

我建议大家可以读一读《最伟大的精神——宽容》这本书。自从开始阅读这本书，我的心灵开始慢慢升腾，通过穿越历史的时光隧道，静静地与神圣的古人、哲人、圣人对话，倾听那些宽容与不宽容的人与事。我被宽容深深地吸引了。可以说，懂得了宽容，会让你的生命更精彩，让你的智慧更灵动。

该书作者房龙认为"不宽容"有三种：出于懒惰的不宽容，出于无知的不宽容，出于自私自利的不宽容。在这三种"不宽容"中，他认为无知的不宽容最严重。他的解释是，无知其实就是自负的另一面。正是因为无知，这些人成了非常危险的人物。在这种情况下，他们只能为自己的灵魂建造一座自以为是的堡垒，然后再从这座可怕的堡垒顶端向所有敌人发起挑战，以此来证明自己的存在并表明对其他人的不满。

例如有人对反对自己的人大打出手，有人对制度顶风而上，有人对他人暗度陈仓，有人对工作消极对抗，有人时常感觉怀才不遇等，我认为都是房龙所说的"不宽容"造成的，这些都是无知的表现。

人们往往认为自己才是真正有价值的人，他们在抬高自己的时候，也间接地排斥和鄙视其他成员。这些人无一例外地坚守着自己的偏见和固执，认为只有自己所说的和所做的才是正确的，并希望自己的想法可以抵御外来的影响。这样就导致了"不宽容的出现"。

为什么有些人总感觉别人比自己幸福？那是因为他没有拥抱宽容。宽容别人是克制，是牺牲，是自我斗争，需要有一定的修养和度量，这或许就是我时常感觉宽容使我烦恼的原因吧。

生活中有许多这样的场合：你打算用愤恨去实现的目标，完全可能由宽恕去实现。任何人都有自己对人生的看法和体会，我们要尊重他们的知识和体验，吸取其精华。但是宽容确实是不容易的事情，过多的争辩毫无力量，它需要冷静、忍耐、谅解。宽容是在荆棘丛中长出来的谷粒。

宽容所体现出来的往往是退让，但是这种退让又往往是有目的、有计划的，主动权掌握在自己的手中。宽容是以退为进，是积极地防御。宽容不同于姑息，更不等于放纵。给对方一次机会并不是纵容，不是免除他应该承担的责任，任何人都需要对自己的行为负责。

比如，在2014年7月，我由教导处副主任被破格提拔为业务副校长，在县教育局人事部门对我进行民主测评谈话时，有一名中层干部说了我不少坏话。这件事情我只是心里清楚，在与这位教师的交往中，我都忽略了此事，每一次和他在一起吃饭或进行业务活动时，我都很尊敬他。此时，我感觉得到他内心的歉疚，我赢来的是他对我的尊敬与工作上的支持。

每个人都是独立的个体，他们都有其存在的价值，学会宽容，是一种成熟的交往能力；敬畏他人，是一种智慧的生存之道。曾经帮助过我的人，曾经伤害过我的人，我认为，他们都是我人生中的贵人。这两种人本质上没有区别：第一种人是直接的帮助者，第二种人是间接的帮助者。说句实话，真正让自己破茧成蝶，第二种人是不能缺少的。因此，你身边的每一个人，不管是比你年龄大的还是比你年龄小的，能力比你强的还是能力比你弱的，性格内向的还是性格外向的，甚至是那些你读过的书的作者以及里面的人物，你都应该敬畏他们，向他们学习。

第五节　管好自己才能管好一切

古往今来，任何一位成功人士，无不是管好自己的典范。管好自己始终是功成名就的动力源泉，每个人都应学会自我管理。只有自己改变了，你周围的世界才会改变，也就是说，管好自己才能管好一切。

著名管理学大师德鲁克对于"管理者"给出了一个全新的定义，那就是："在一个现代的组织里，如果一位知识工作者能够凭借其职位和知识，对该组织负有贡献的责任，因而能实质地影响该组织的经营能力及达成的成果，那么他就是一位管理者。"

在校园里，过去我们总是把校长或一些中层干部与教师作为管理者与被管理者对立起来，认为校长或中层干部就是管理者，教师就是被管理者。这种观点是有偏颇的，老师手下还有学生，应该说教师也是地地道道的管理者，即使一些手下无学生的教育者，如果他们自己能作决策，并承担作出贡献的责任，那他们同样是"管理者"。

身为校长或中层干部，要想成为有效的管理者，最需要学会的是"管理好自己"；作为一般教师，则要努力成为管理者，不仅要管理好自己，管理好同事、学生等，还要学会管理好自己的"上级"。总之，学校里的所有人都要积极参加管理，最终学校才能成为一个自我管理的共同体。

管好自己才能避免陷阱，减少不必要的教育浪费。首先要正确地评估自己，要始终保持一颗谦卑的心，认清自己的优势与短板，明白终身学习的必要性，更要明白"三人行必有我师焉"的道理；其次要审时度势，看清事实，趋利避害。不要轻易说下级或学生笨，要用好下级或学生的长处。我经常与我的同事交流：你的长处我永远也比不过你，但是我的长处你也很难超越，这就需要我们之间的精诚合作，取长补短，方能共同进步，实现共赢。

管好自己，需要管好自己的见识。要提升自己的思想境界、自己的眼光和自己的胸怀，只有如此，才能获得卓越的思想，拥有不凡的人生格局。这就需要多向书本学习、向专家学习，问道于学生、家长和同事。

管好自己，需要管好自己的时间。不能管理时间，便什么也不能管理。要注意不要轻易浪费他人的时间。每个人都有自己该做的事情，也有自己的角色，要给自己一个明确的定位。要做一个有效的管理者，学会决定真正该做和真正先做的工作。管好自己的时间，我有个建议，就是要沉浸在自己心仪的研究领域里，在此基础上规划好自己的工作时间与业余时间。比如我，除去工作时间我会全身心投入其中外，我的业余时间的安排，包括读书、交友、娱乐等都会不自觉地围绕我的研究领域，以它为中心，自己就会感觉每天过得充实，有意义，有成就感。管好自己的角色，千万不要试图去控制每件事情，因为我们是教育工作者，没有太多的精力去参与各种角色的活动。有些老师感觉太累，也与这有关系，他总是担心社会会遗忘他、轻视他、抛弃他，总是以与某某角色的人交往而感到骄傲，其实，很多交往是无效的，甚至是在浪费生命。我的建议，还是要围绕自己的工作事业来选择自己的交往角色。与关心教育、热心教育的社会中人交往会其乐无穷，收获巨大。因为这些人都有相似的价值观与人生观，不同的角色资源会让自己脑洞大开，让自己站得更高，看得更远。

一位有效管理者的首要任务，就是将自己管辖下的职务都设置得合情合理。一旦某一个职务设置不当，应该重新调整，而不是刻意地寻找天才来弥补。因为组织的好坏不是由天才来验证的，而是要激发平凡人的潜力，让他们做出不平凡的业绩。这对于一名校长或对于一名教师，都有同样的指导意义。比如，我刚到一所新学校时，发现给某一个岗位的老师布置任务时，他会首先考虑这项工作是否该自己干，如果答应了，还要再提出是否给一点加班费。我调研后发现，原来学校的岗位设置不合理，职责不明确。于是，在一个暑假里，我召集所有领导班子成员，封闭研修了三天，专门研讨岗位设置与职责问题。然后实施竞争上岗，只要你愿意竞争这个岗位，说明你适合这个岗位，因此必须认真履行该岗位职责。以后再布置工作时，就不再出现上述情况了。

其实，人人都很有工作的潜力，我们必须去挖掘这些人的能力，要为他们设立更为远大的目标，不断提升他们的水平，这样才能使组织发挥最大的作用，让大家都能做出很好的业绩。

让平凡的人做出不平凡的事，善用他人的长处，其中包括上司的长处，这是组织存在的重要价值。管理者的任务，就是要充分运用每个人的长处，共同完成任务。一位管理者如果仅能见人之短而不能识人之长，因而刻意避其所短，而非着眼于发挥其所长，则这位管理者本身就是一位弱者。

上司既然是人，所以肯定也有其长处，有其短处，若能在上司的长处上下功夫，协助他做好想做的工作，便能使上司高效，下属也高效。实际上，运用上司的长处，也是下属工作卓有成效的关键。我干校长已经十几年了，我的长处就是有学习力，喜欢做专业的教学改革，愿意引领教师走上研究的道路。如果中层干部或教师理解并明白了我的长处，他便可在这方面下功夫，而非在如何讨好校长、做一些表面文章上下功夫。比如，我希望一名教师外出代表学校讲示范课，我肯定会亲自并组织相关教师和专家对他的课进行打磨，如果这位教师乐于参与、欣然接受，他肯定会在此过程中得到很多收获，同时，我也会很感激他，因为他也帮助了我。

伟大的事业，往往都是由一些把简单的事做到不简单的细节构成的。没有卑微的工作，只有把工作卑微化的人。一个优秀的管理者，不是带领一群天才去做一番惊天动地的伟业，那是不现实的，也不符合社会发展规律，而是带领一群普通人，把一件件小事做到位。做不好一件件小事，大事就无从谈起。教育就是由一件件小事构成的，"立德树人"的教育根本任务，需要教育者心无旁骛、静心办学，把里面的一件件小事做好，用一个个细节编织成"成就每一名学生"的伟大事业。

我很佩服我校的一名女班主任张云红老师，她不善言谈，是一名普通的教师，但她却是人人公认的优秀班主任。作为班主任老师，按本文观点，她自然是一名管理者。在2017年的年会上，我被她的发言感动了：

"作为班主任，首先要对自己有信心，有信念，相信自己能管好自己的班级，并且要把本班的孩子都当成自己的孩子一样。我每次接手一个新班的时候，不论班里的孩子好与坏，不论以前他们的班级风气有多么不好，都不会轻视孩子，我会想：这就是我的孩子们，这是我自己的班级，要教好他们。在班级里，要对孩子们说：我不会听别人说你们怎么样怎么样，我只相信自己的眼睛，相信我们在座的每一个孩子都不希望自己的班级比别的班级差，同时也相信大家一定会努力，也希望大家相信老师，老师是优秀的，你们也是优秀的，相信老师一定会带好你们的。"

"这是我的孩子们，这是我自己的班级，要教好他们。"多么真诚且质朴的语言，就是这句掷地有声的誓言，让张老师把一个个别人认为难以管理的班级带成了一个个的好班，这就是平凡中的不平凡，小事中的大事情。

很多管理者从来不缺乏做事的热情，但光有热情是不行的，还需要一颗冷静的头脑。作为一名校长，很多时候，可能会被自己的热情冲昏头脑，一旦听到"伟大""明智"等字眼时，就会不顾一切向前冲。可是，事情不是仅仅凭热情就可以解决的。如果在方案出来的时候，管理者可以冷静地思考一下方案的每一个环节，以踏实理性的心态处理每一个步骤，失败或许就可以避免了。

比如，有的学校想搞一个改革项目，轰轰烈烈地到外地学习先进经验，还没有搞清楚外地学校改革成功背后的背景、历史与资源条件，也没有充分调研自己学校的实际情况、可行性与潜在风险，便匆忙效仿制订实施方案，强力推行，结果一段时间后，遇到各种复杂的问题，多数老师不理解且生发抵触心理，改革自然不会成功，慢慢就不了了之了。在中国，这样的学校，这样的事情可真不少。

作为一名教师，也需要冷静的头脑。一名刚毕业的新教师，工作热情很高，但是缺乏与学生沟通合作的经验，为了管理好学生，在惩戒学生时，没有控制住自己的情绪，不分青红皂白地在班里当着同学们的面打了一名学生两个耳光。结果家长找到了学校，引起了不必要的麻烦。

管理者的眼睛不能仅仅盯在一个地方，不仅要看到组织内部，更要看

第七章　如何处理好同事关系

到组织的外部，并能够根据外部环境的变化，适时地调整自己的决策。作为教师，则要注意寻求矛盾或问题背后的原因，在合适的时间与合适的环境里，在尊重每一个孩子的人格尊严和人性美的基础上，妥善处理问题。

人性是复杂的，但也是辩证统一的。热情、阳光、责任、正直等是积极的善的一面，懒惰、说谎、狡猾等是消极的恶的一面。管理者的责任，就是要激发教职工、孩子们，甚至家长们善的一面，消除恶的一面。

美国哲学家约翰·杜威说过："失败是有教导性的。真正懂得思考的人，从失败和成功中学到的一样多。"无论是对"善"的一面的引导，还是对"恶"的一面的消除，管理者都要重视，并根据具体情况灵活运用。

每一名管理者，既要注重管理好他人，更要注重管理好自己。管理好自己，必须把自己"善"的一面激发出来，努力消除自己"恶"的一面。我会终生铭记这句话：只有管好自己，才能管好他人，管好一切。

第八章
如何走上名师之路

自我修炼要点：

1. 追求什么样的名师

2. 学会知识管理

3. 与什么样的人在一起很重要

4. 为当教育家作准备

5. 要有自己的教学主张与风格

本章导读

　　每一个人的成长源于惊奇、赞叹，经历怀疑、鼓舞，再到建立信仰、使命，这是形成思想、个性、情感和人格的过程。教师所实施的教育行为，本质上是以自己的思想、自己的思考来影响学生，真正的教育者总是怀着鲜明的思想和信念去接触学生，在学生面前表现自己，敞开自己的内心世界。

　　但是，现实却往往并不像我们希望的那样美好。教育世界里总会有一些东西或力量让我们变得庸俗不堪，内心里塞满了一些庸俗的事物，如自己学科的成绩不如别人时的嫉妒、自己班级的量化考核被通报时的不满、害怕他人评论自己的积极进取之担忧、想成功又不想坚持之踌躇、有了荣誉还想更多更大的获得、不停地抱怨学生或家长的不足与缺点，等等。这些挤满了我们内心的问题让我们脱离了自己本身，使我们变得卑微。可怕的心理与习惯绑架了我们教师，推动着教育的浪潮恣意泛滥，涌向不能把握的未来……

　　我们做教师的，不应该总是寄希望于他人尊重自己，希望社会必须重视自己，我们应该从这些琐碎的、令我们疲惫不堪的卑微事物中彻底脱离出来，不要担心或恐惧他人是怎么评价我们的，自己内心的安定是最强大的吸引力。

　　当内心不再有任何卑微的想法和事物时，真正的教师回来了，教育也会显得再简单不过，只不过遵循规律运行而已，学生的个性也得以自然地成长与绽放。

第一节　追求什么样的名师

为了激发教师的成长动机与愿望,我曾经作了很多努力,如邀请来专家、一线名师,鼓励教师们与他们零距离对话,激励教师们也做一个有思想、有理念、有创新的学习型名师;指导教师要学会知识管理,建立博客,多读书,勤于动笔;建立起了引领教师成长的学习型组织,进行了一系列教育教学方面的改革;等等。这些曾一度激发起教师的学习改革热情,令我感觉非常欣慰。但是看到原先跃跃欲试、激情四射的教师开始慢慢减少,热情减弱,顿觉非常惆怅。

为了促进教师的专业成长,我可是费尽心思和精力,可是为什么有些教师不理解,有些教师不能坚持呢?不理解,是因为他们没有为自己和学生的未来生命负责的使命感,抱有不需要如此就能干好教师工作的落后思想;不能坚持,或许是因为外人冷嘲热讽,或许是因为自己信心缺失,感觉自己本不是做名师的材料,或许是因为自己懒惰,甚至是因为自己努力了那么长时间,仍不能成为名师而心灰意冷。

阻止教师继续前进的原因当然有很多,但是我认为最关键的原因是对名师的内涵解读出了问题。大多数人认为的名师是那些拥有各种荣誉证书,到处被人邀请作报告的优秀教师、特级教师。固然他们是名师,但是如果成为名师仅是为了功利,我认为这是对名师的亵渎,大多数名师不是这样的。如果成为名师后不再继续努力,沉醉在各种光环下,就不再是名师了。这样的名师其实心是很累的。我心目中的名师永远是基于孩子,为了孩子,在教室里、在家中、在学校外,在任何时候,都是心中有大爱、有责任,对事情,不管是大事还是小事,都能用心去做。

他用心去写作，总结自己的生活，去与同伴、与书籍交谈，他是很多人的良师益友；他将心灵献给教育，献给孩子，他是孩子的朋友和榜样；他的动机是使孩子更美好，使教育更美好，使人性更美好。

为了一个有问题的孩子，他不是简单地批评，而是从现象入手分析原因，对症下药。不是孩子难管理，是因为我们没有找到真正的原因。

在课堂上，他特别注意自己学生的每一个细节，比如一个注意力较差的孩子，他会注意督促其做笔记，哪怕只是在不认识的字下面画一个圆也可以；他会让家长配合督促孩子走路快一点、说话快一些，早上起床和孩子比赛穿衣服的速度；为了减轻学生的课业负担，他会发明"自助作业"，抄写哪几个字，多少遍，学生自主选择；为了让每个学生都得到锻炼的机会，他会开展"班干部自荐活动"，让学生发表"竞选演说"；为了教育学生热爱大自然，节约能源，他会创设出"节能大使"等新的岗位；为了教好学生，他会主动找领导来听课、评课；为了提升自己的修养与学识，他会坚持读书、写作、思考、备考；他会无条件地认同学校的文化，主动帮助引领学校的管理；他会热爱美丽与光明，让自己走得更远，且乐此不疲，因为他是与学生一起走的。

美国2009年全国年度教师托尼·马伦说："最优秀的教师有一个共同的品质：他们知道如何读懂故事，他们知道走进教室大门的每一个孩子都有独一无二、引人入胜的故事。激情、专业和毅力是他们作为一名教育工作者的三大动力来源。"他说："教师必须将激情投入到课堂中，用强大的情感力量点燃孩子心中的学习动力，激发他们记住关键的概念和思想。因为学生无法对激情之火无动于衷。学生能够感受到一位教师身上散发出来的能量、热情与创造，领会到教师给他们的是重要而有价值的。"

对马伦来说，专业化意味着成为一名专业教师的过程，并非掌握知识与教学技能，获取教师资格证书那么简单。专业教师必须超越现有的教育理论和哲学框架，成为一名艺术家。教师担负着造就有智慧、有品德、有才干的年轻人的重任，这项任务唯有通过对各不相同的儿童及其学习方式的理解才能够完成。

我还发现身边的一些名师，他们知道不能凭一己之力完成自己的理想工作，要与学生一起做，要学会终身学习，要有志同道合的朋友；为了满足学生的需求，必须抓住每一个机会去延续提升自己的专业发展，尽可能增加跟学生在一起的时间，寻找与学生心灵交往的机遇；必须建立跨越学科的联系，整合信息与技术，确保自己的教学时间；必须准备充分，能够为学生提供最有价值的资源。他们爱校如家，知道如何推销自己的学校，不把负面性问题带出学校，不在同事之间传播负能量的消息。

教育改革的核心环节是课程改革，课程改革的核心环节是课堂改革，课堂改革的核心环节是教师的专业成长。道理已经非常清楚，我们都羡慕名师，向往名师，学习名师，研究名师，但是我们不要学虚假的名片式功利型名师，我们应该是一名名副其实的自己心目中、家长心目中、学生心目中实实在在的名师，是一个良师。这样，你就会在追求名师的道路上，永远激情不减，永远不知疲倦，永远悠闲自得，有越来越多的同行人。

在我成长的历程中，一直在思考教师成长的基因。我认为，教师成长的专业基因可以用"践行、记录、思考"这三个关键词来界定。不管走到哪里，不管参加什么活动，我都会用心思考，并记录下来，用来指导自己的实践。这样反复修行，自己的思想会越来越开放、行动会越来越专业。

教师成长的心灵基因的关键词是"信任、关怀、归属"。我所工作过的单位较多，不管在哪所学校工作，我都会很快融入其文化与习俗之中，会有一种归属感。这样就很容易赢得同事的信任与关怀，使自己的工作能够得到他人的理解与帮助。做了校长，我也会不自觉地把这三个关键词所蕴含的意义渗透给老师们，以便获得互相的认可与支持，营造一种心无旁骛、和合共生的工作氛围，这样，每个人都会成长起来。

在我的学校里，没有签到签退的考勤措施，也没有每天一次的查岗检查行为，有的是温馨的假期，如父母过生日、孩子参加中高考、父母生病、孩子的学校开家长会等，都可以在不耽误自己工作的前提下，自由离开学校去处理、陪伴。但是，我的同事们，每天却能坚持天天早到学校，认真完成自己一天的工作，有的甚至还在加班，把工作带回家继续努力。这就是心灵成长的力量所在。

教师成长的品位基因，也可以用三个关键词来描述：读书、视野和激情。没有读书，一名教师不可能与名师结缘，其视野得不到开阔，没有了活水的经常注入，激情也难以被激起，甚至会随着岁月的推移，变得老气横秋，郁郁寡欢。

比如，我校以读书为抓手的教师品位提升活动开展得就很好。共读一本书、读书微论坛、读书反思撰写、各种读书会等开展得轰轰烈烈。当然，这些活动多是学校层面在推动，我认为，读书更应该是自己的行为与习惯。读书可以打开一扇教师成长的窗口，读书不仅是寻求教育思想的营养，教育智慧的源头，而且是情感的冲击与交流。读书会让教师更加勤于思考，善于思考，更加远离浮躁；让教师在读书中，读懂工作的魅力，读懂生命的价值，读懂人格的力量，读出人生的境界，读出学校的文化，从而使生命更加有激情，教育显得更加美丽。

一名成熟教师，一定是一个有思想的教师，一定是一个有激情、有魅力、有感召力的教师，一定是一张学校的"名片"。是学校成就了他，也是他成就了学校。其实，这就是名师修炼的真实历程与智慧。

名师是一名心灵自由的教师。我清醒地认识到，我们每一个生命个体，都不能停留在既有的生命状态，而是应该在不断努力中，实现自己生命的不断飞跃，做一个知识富有、身体健康、心灵自由、思想超脱、精神高贵的老师。

我明白，没有思想的教师培养不出有思想的学生，一名教师应该成为学生的思想领袖。学生的学习兴趣、独立性和责任感是人的自由性中最重要的东西。我们应该创新教育教学方法，把学生的成绩当成教学的过程的自然结果。真正的教学是无形的，是无处不在的。课堂应该是思维品质形成的地方，是心灵自由开放的地方。

教育是一种靠良心支撑的天平，没有自觉的文化意识，就不会形成科学和谐的持续的教育行为和信念。教育是一艘靠创新来引领的航船，没有文化自觉，就会停留在避风的港湾坐观等待。有文化自觉的教师，才能真心真意地从人的需求出发，思考并选择恰当的教育行为，促进学生发展；也才能认真审视教育中普遍存在的却束缚师生发展的深层观念和行为，进而努力更新教育文化，让师生在自由、安全、愉悦的文化氛围中，不断地探索进取，不断地创造出生命的新价值。

孩子需要素质教育，需要能够保证其全面发展、终身发展的教育行为。而这需要我们的教师有心灵的自由，能够对学生进行技能的指导、思想的引领。这是我一生的追求与责任，也是现代教师的职业符号与生命原点。一个教师要经常沉静下来思考。教师背后的修养、人文情怀和心灵感悟才是最本质的矿藏。

人其实不是输在起跑线上，而是输在终点线上。走得远的大家都是有大道德的。我们要尊重每个人的话语权，做到博爱与博学，防止权力主义和经验主义影响教师的思维与行动，让教师丧失自我。我们做教师的一定要守住自己的灵魂，做一名心灵自由的教师。

名师需要有自己的"专业情意"。一名教师，只有站立在课堂上，精神融合于学生情感深处，才会真正体会到师者的生命价值和教育生活的真情所在。

"教师的专业情意是教师对教育事情的情感态度与价值观的融合，是教师职业道德的集中体现，也是教师专业持续发展的根本动力。"这是陶西平先生在他的文章《研究特级教师成长规律的独特价值》一文中阐述的观点。陶西平先生的这句话，解开了我心中长期封锁的职业生命密码。

以前，我确实对"教师的专业情意"没有太多的注意和充分的理解。作为一名工作多年的教育者，我积累了一些经验，但这些经验只是停留在片段式、缄默化、封闭性的层面上，因此，我经常怀疑自己的这些经验是否能够不断迎合成长中的生命，变成可资继承的课程资源，对学校发展起到引领与辐射的作用。

作为教师，应该有自己独特的教育理念和教学思想，善于发现和吸纳教师群体当中的教育智慧。在这种情境下，自己的课堂生活便会有许多奇妙的感受与收获，此时，对"教师的专业情意"便有了切实的体会。

只有在课堂上，扑入学生这些纯真灿烂的生命里，你才会感觉进入了教师专业成长的真实情景，才能对"静下心来教书，潜下心来育人""教师是一种追求，一种奉献，一种责任，一种坚守""精神关怀与民主尊重是教师课堂教学的核心内容"等这些平时不甚理解的教育价值观和道德情感，一下子有了顿悟与认同。

我认为，要想成为一名优秀教师，不能只围绕着中小学的教材转，也不能只是学习些教育理论，更重要的是要提高整体素养，养成教育家的气质。我知道这应是用一辈子来追求的理想，但是，只要心中有目标，关键还是在于追求成长的过程。

教师职业生命的本质是一种生活，是一种研究精神，教师要养成对方方面面工作冷静而理性地思考和研究的习惯，成为主动出击、积极谋求发展的教育者，而不是满足于对个人经验浅层次的认知和归纳。教育不仅仅是一种谋生的手段，更是一种创造的事业。一方面，努力从自身积累的经验中寻找内在规律，从反思中找回忘却的记忆，从困惑中探求智慧，从成功中筛选方法，从失败中积累资源；另一方面，如饥似渴地学习、读书，追寻成功的内在原因。

苏霍姆林斯基说："一名教师若能热心于本门学科正在探讨的问题，并具备进行独立研究的能力，这样的教师则可成为学校的骄傲。"一个成功的试验既是教师自觉成长的前提，也是教师成长的具体体现，还是学生成长的广阔天地。

也就是说，要通过自身的教育行为和专业化自觉来提升自己的精神生活质量，教师专业化自觉的过程，就是自主发展的过程。这是教师改善自己生存状况的最佳途径。

其实，教育就是一种生活，真正的教育应当在生活中，教育属于热爱生活的人。不了解生活的人，就不知道教育是什么样的；要学会从生活中反观自己，离开了生活就失去了获得教育智慧的源泉。如果说生活的本质是一种安静与常态，那么，教育就该是平实的一种过程，滋润每一个日子，滋润每一个人的心灵，这样就能多一些关注人的情感和人的需求，这就是我今后教育生活中永远追求的"专业情意"。

在追求自己成长的道路上，要特别关注这两个方面十六个关键要素，这也是所有名师都具有的成长本质：一是心灵的成长（保持初心、慎独自省、勤勉专注、合作分享、耐住寂寞、不惧挫折、持之以恒、形成个性）；

二是技能的成长（教育理念、专业知识、课程智慧、教学艺术、领导技艺、风格特长、人生情趣、文化品位）。

　　好好品味一些名师的故事，好好品读这些关键因素，好好践行这些能力与素养，一位理想的名师就会慢慢脱颖而出，立于神圣的教坛之上。

第二节　学会知识管理

中小学教师在教育界是一群特殊的知识分子，其知识常常是教师未能明确意识到的。正如有的教师有丰富的教学实践经验，但要让他说出其依据，即为什么要采用这样的教学方法，其背后有什么样的理念，他可能很难清楚地表述。中小学缺乏学者型、研究型教师与这是有关系的，更不用说教育家型教师了。这也反映了一个事实：教师对日常工作学习中的所见所闻、所思所想缺少发现与积累，没有对自身教育活动的成长经历与教学经验进行回顾和有效管理，影响了自己的专业成长。

但是，真实情况是，一线教师都是有知识的，尤其是他们的课堂教学知识是丰富而多样的，这一点我们谁也不能否认。但是有多少教师会认为自己的知识是有价值的，是有趣味的？长期以来，我们的教师从学校毕业后走上讲台，通常认为自己处于知识生产和消费的流水线末端，知识由专家们来生产，而教师的任务只是消费知识而已。有这种认识，便失去了应有的底气，产生了自卑的情绪，不再学习读书，产生职业倦怠就成了教育领域里的生活常态。在现实教育场景中，很多老师并没有去主动重视、积累和管理自己的教育智慧。

产生这种现象的原因，大多是我们的教师总是漫无目的地在浩瀚的教育海洋中飘荡，始终没有一种抬头眺望那远方灯塔的意识。实际上，就是总也摆脱不了那种平庸生活的阴影，没有激活那种基于人性自然生长的成长愿望。这才是根源，其他的一切理由和抱怨，都是细枝末节。

在新时期，我们应该抛弃传统的教育研究中的陈旧思想，让中小学教师这一过去默默无闻的群组，开始珍惜和尊重他们的发言权，让他们的知识合法地进入学术台面,并能够被深入挖掘、被表达、被系统化,从而能更好地传承和发展。这样的教师队伍,才是我们理想中的教师组织,是教育成熟的最重要的表现。

虽然教育写作不是教师成长为名师的唯一因素,但是它一定是名师成长路上的关键因素。一名教师,不搞课改,不读书,不学习教育理论,不反思,不写作,只是围绕教材转,是不可能成长为一名真正的优秀教师,成为名师的。

一位名师,他一定敢于探索教育的难点、热点与盲点,教育家精神是他终生的追求。他会把整套教材打通,一节课顶三节课的价值;他为了讲一篇课文,会阅读大量的相关文章,为学生提供大量的阅读背景,让学生走近并研究那些具有智慧的大师,并写下研究性的文章;他会设计很多方法,融会各学科的思想,训练学生质疑、批判的思维与精神;他会让知识与生活密切联系,并跳出课本,跳出权威,走进社会,走向大自然,进行体验、探索、创新、研究;他会以育人为本,尊重所有的生命,让他们都有尊严地成长、成功;他会使学生在离开他和家长的"看管"时仍然能保持浓郁的学习渴求,并养成终身学习的习惯;他会痴迷于教育,坚守教育阵地,为了自己的兴趣、使命而奋斗一生。

长期以来,各级教育主管部门、教育培训部门和学校,为了提升在职教师的专业水平,培养专家型教师,组织了形式各样的在职进修和培训学习。但是,这么多年来,通过这种形式到底培养出了多少名师或专家型教师,结果不得而知。对很多教师来说,普遍感觉基于专业发展的在职进修或培训可以说是成了外部强加于身的一种负担,这种学习在目标和要求的确定、内容的安排、项目的规划,甚至时间的选择、结果的评价等方面,教师都没有发言权,也没有选择的空间。教师只能以被管理者、被发展者的身份,按照外界促发者的要求和部署被动地接受,大多是听了后热情澎湃,回家后束之高阁,总是做思想的巨人,行动的矮子。而这一普遍情况的出现和循环,与广大中小学教师缺乏对自我发展的渴望意识、对自己事业目标的确定意识有关,也与没有对自己或别人的经验进行知识管理有很大关系。

那么，如何通过知识管理帮助教师形成个人理论，或者说形成教师内隐的、个人的、实践的知识呢？可以从生活史叙述与学习型组织，即个体与共同体层面来探讨教师的知识管理，从而促进教师的自主发展。

生活史叙述属于教师知识管理的个体层面。它是个人回溯记录的一种重要的形式，很像是自传、日记、日志、个人故事小说。但它绝不是简单的日记，因为它要叙述的是自己教育生活的成长史，反映的是教师教育行为、观念是如何建构的。生活史主要叙述的是教师的教学经验与理念是如何形成的历史。

通过生活史叙述，教师将过去所发生的生活历史知识，慢慢发展成为足以支配教师日后思考与行为的"影响"知识，对其后续的经验选择与重组产生了重要的影响。可见，通过生活史叙述，可以很好地帮助教师理解其自身的实践。

学习型组织属于教师知识管理的共同体层面。学习型组织立足于教师群体，通过教师之间生活史、专业经验等的分享与对话从而提升对教师群体的知识进行管理。有学者指出，教师应更多地进行同事间专业经验、生活史的分享与互动，这种分享与互动能使教师感知到自己的专业声音，激励教师提升专业意识、团队精神、自信心，并从其他教师的生活史、专业经验叙述中学习到有价值的替代性经验，从而对自己的教育活动进行反思与批判。

（姜勇：《知识管理：教师专业成长新视角》，《教育理论与实践》，2004年第9期）

我认为，博客是撰写个人生活史的一个极好的空间，也是一种很好的学习载体，用它进行知识管理是一个很好的工具。我从2008年开始在博客上撰写文章，到目前已经有近千篇文章了。当然，现在可用于知识管理的工具不仅仅只有博客这一种形式，还有微信公众号、简书、美篇，等等。

本书中介绍的一些来自学校内部自愿组织形成的各种学习型"自组织"，如"教师成长志愿者共同体""教师领袖成长俱乐部""未来教师成长联盟"等则是线下的知识管理方式和工具。当然,还可以参与一个县区、一个城市甚至全国的比如"读书会""写作联盟""创新教育论坛"等之类的学习型组织。这些不同方面和形式的"自组织",让教师的专业学习得以持续不断,教育实践不断创新。这些专业兴趣相近的教师共同建立起了一种合作平等、互利互惠的文化价值观,使得每个教师都得到了平等的发展机会。

总归要选择一种适合自己的知识管理方式。不懂知识管理,想成为名师是不可能的,而要做好知识管理,需要坚持,能够耐得住寂寞,深信一句话:要么寂寞,要么庸俗。

第三节 与什么样的人在一起很重要

2017年在北京十一学校举办的教育年会上，有一张由李希贵校长设计的海报格外引人注目，介绍了一种"个人管理与成长的工具"——个人董事会。此工具的解读如下：当你来到世上，你会面对一个永远无法回避的问题——通过人际交往，帮助你拥有更加美好的人生。"个人董事会"就是一个让你学会自我管理并获得持续成长的工具。能够很好地构建"个人董事会"的人就能连接到重要资源，让自己的人生目标方向更加明确。海报上的每一个板块都代表一类关系人群，解释部分代表构建这类关系的意义。"个人董事会"这一工具说明与什么人在一起很重要。

有人说："想要了解一个人，就去看看他的朋友。"简单来说，你和什么样的人在一起，就会拥有什么样的人生。在我成长的路上，我深深认同这个道理，去靠近一个给你正能量的人，有一个能够相互鼓励，并且对生活充满激情的朋友，对自己的事业和人生是多么的重要。当然，这也需要内心自带光源，可以同样照亮别人。最终跟随蝴蝶走下去的人，看到的是芬芳的鲜花，而跟着苍蝇走下去的人，只能到达肮脏的沟渠。

下面跟大家介绍一下那些曾经帮助我、照亮我的人，分享我与他们之间的故事。

一是忘年交。与比自己年龄大一轮的朋友结交，他们可以成为让你少走人生弯路的"领路人"。

不知是否与我的性格有关系，我从儿童时期就喜欢与比我年龄大的孩子在一起玩，上学后，我喜欢去找村里的有文化的长者，到他们家里与他们谈天说地，他们的经历与阅历对我启发很大。做了教师后，我喜欢到一些老教师家里与他们聊天，他们的谆谆教导使我快速理解了教师职业的本质与特征，助推了我的成长速度。

对我影响最大的是陶继新老师，现在他已经七十岁了，他对我的影响主要有三个方面：其一是做人。陶老师在任何人面前都是非常谦虚的，他每天都笑呵呵的，用"玉树临风""谦谦君子"来形容最为合适。在山东工作时，我每年都去拜访他，他用和蔼的目光望着我，亲自为我削苹果吃。一次，我刚买的手机在下车时忘在出租车上了，陶老师知道后立即打电话联系出租车公司，但是司机师傅说车上没有。陶老师随意问了一句"多少钱"，我也没有在意，说手机很便宜，总共花了四百元钱。但是我回去后，过了几天，收到了四百元钱。我知道，这是陶老师给我的手机钱。当时我看望陶老师所带的礼品也就一百多元钱啊！其二是做学问。对陶老师的学问，我不能作出精确的形容，因为他是大师级的人物。他有两件事让我敬佩不已。陶老师每天早晨都会早起爬山，风雨无阻，并且还背诵经典；陶老师甚至在年初一还到他的工作室工作，他说"做自己喜欢做的事，不会感觉到累"。其三是他对我的鼓励。在一次全省素质教育大会结束后，记得是在潍坊召开的，陶老师看到我说："志欣，把你学校的经验发给我。"我回去后立即把材料发给陶老师，在下一周的《现代教育导报》上一篇题为《"零"作业，在教学改革的敏感部位动手术》的文章被发表了出来，陶老师是第一位报道我的人。还有一次，陶老师通过 QQ 采访我，与我对话，我们一来一往，交流了一整天，我感觉，我的大脑好像被掏空了一样，而陶老师仍然是思维敏捷、妙语连珠。几天后，一篇一万多字的报道发给了我，题目是《"零"作业，一曲"应试教育"的挽歌》，陶老师还把这篇文章收录在他的《名校解码》论著中。

二是间接领导。级别上比较高，但又不是你的直接上级，他们会以非正式权力给予你更多的帮助。在我的生命里，这样的朋友也有不少，对我影响、帮助最大的，要数山东省教育厅巡视员张志勇，他也是当代著名的教育家。

他对我的每一次帮助与影响我都牢记在心。那是我刚担任校长才半年之余，也就是在 2007 年 12 月的某一天，我突然接到县教育局的一个电话，说是省教育厅来东营市进行素质教育调研，点名让我前去，并准备好发言稿。当时我很纳闷，跟随县教育局的专车，我来到了东营宾馆的一个会议室。原来是省教育厅时任副厅长张志勇来东营市调研，亲自点名让我来参加。当时参会的还有市教育局局长以及相关处室领导、各县区教育局长与市直属学校校长，就我一人是来自农村学校的校长。我是第一个发言的，记得当时我很紧张，不知道自己的发言是否让这些领导满意。但是临散会时，张副厅长走近我说："好好干，等我们去你校参观时别丢人啊。"我惶恐地回到了学校，我才当上校长不到一年，一不小心得到了副厅长的关注，这怎么办啊？我与干部们讨论了好几次，他们建议我亲自去省厅见见张副厅长，说说自己的困难，让张副厅长帮着找几个专家帮扶一下。于是我就与教育办王主任一起到了济南，找到教育厅后，我忐忑不安地给张副厅长发了个短信："我是利津县北宋一中校长李志欣，现在在教育厅，想拜访您。"张副厅长很快回复："到1036室。"我紧张地进了张副厅长办公室，说明了来意，张副厅长果断地说："不需要专家，你需要自己去探索，年后教育厅安排媒体前去采访，回去好好准备一下。"从此，我被"逼上梁山"，走上了教育改革创新之路！

那么他是怎么关注到我的呢？我只是个普通的农村学校校长啊。他在网上注册了一个博客，名字叫"思想会客厅"，不记得是哪位朋友向我推荐的，我被他的一篇篇博文吸引住了，他让我重新理解了什么是真正的教育，明白了如何才能做好教育。之后我发现他在博客里会不断发出关于调研各市素质教育情况的文章，每篇我都认真阅读，并写下我的感想与意见，同时把我的探索经验粘贴上去，也许是我的评论引起了他的注意，才有了上面我被点名去参加调研会议发言的一幕。后来，我就与老师们天天思考教育、课程与教学等改革创新事宜。在他的关心帮助下，学校发展迅速，我也加快了自己的成长步伐。在学校那几年的改革期间，我每年都参加由他亲自主持的创新教育沙龙，也多次应邀参加省教育厅安排的论坛、调研等活动，借此我也认识了全省乃至全国的教育领域里的专家、学者，他们都很厚爱我，鼓励我砥砺前行。而这些专家学者，就是"个人管理与成长的工具"里所提到的"所从事领域里的高人"。我不但亲自聆听他们的教诲,我还会阅读他们的论著,这样,我就有了较为博杂的见识,使我能站得更高,看得更远。

由于学校成了全省改革创新的典型,我有机会认识了很多教育媒体人,他们有的是省市教育行政部门安排的,有的是慕名前来采访的,也有的是因为我经常撰稿投稿而熟悉的。这些传媒人的跨界思维有时让我脑洞大开。例如《中国教师报·区域教育周刊》主编王占伟老师,他原先是河南《教育时报》的编辑,我们的认识便缘于我的改革,他慕名来到山东,我的学校。记得当时他的采访角度与其他人不同,其他人撰写的是我的"零"作业改革,他们都企图在这个点进行挖掘,而王老师撰写的采访稿是从教师生命成长出发的,这给我很大启发,因为没有教师的自觉成长,任何改革都不会有生命力的。当时他在《教育时报》上用一整版进行了深度报道,报道题目是《教师职业生命的重建——北宋一中"零"作业教改启示录》,其中有一段文字是这样说的:"实施五年的'零'作业教改不仅彻底埋葬了题海战术,斩断了主要靠拼时间为标志的应试教育的命脉,而且让教师劳动超越异化走向了审美,破解了中小学教师劳动异化这一长期困扰基础教育科学发展的难题,从根本意义上解放了教师,重塑了学校教育生产关系,解放了教育生产力。李志欣推行的'零'作业教改,目的是为了截断教学的传统路径,重建教师职业的常规生活,努力还原教师职业的专业自主性,做真正的教育——追求回归教育本真的全人教育。"

另一位媒体人是《新校长》杂志的编辑刘东灵老师,他还是一位诗人。他也是因为"零"作业改革而被杂志社派来采访的。他的采访方式更特别,在一个宾馆里与我聊天,他想捕捉到最真实的东西,记得当时我们聊了两天。他回去后,做了一期关于"作业"的专刊,名字叫《作业的故事》,我是封面人物,我的图像是由著名画家采用素描的方式画的,该篇报道用了八页,有两万多字。

另外,教师要多接触酷爱读书的人。这些人会与你分享好书和作者的智慧。可以说,我的朋友基本上是以酷爱读书的人为主的。如生命化教育提出者张文质老师、《教师博览》杂志的方心田主编、江苏凌宗伟校长、《中国教育报》张以瑾老师等,这群志同道合的读书人也是痴心于教育的狂人，与他们一起行走，心里感觉踏实，也长见识，我们会在很多方面互相帮助与支持。

  我发现，随着我的调动，原来一些朋友慢慢不再勤于联系了，虽然友谊还在，价值观也许有所不同了。但是，新的朋友也在不断增加，这些朋友不再是以前的经常在一起吃饭喝酒的朋友了，而是一群凑到一起谈工作、谈学习、谈教育的朋友。业余时间，我也会接触一些新锐之人，如一些书画家、演员、作家等，我认为他们会帮助我接受新鲜事物，他们的阅历与经历，他们的专业思维方式与思想会震动我的灵魂。我也会接触到一些做企业的人，阅读一些企业管理专家的作品，如德鲁克、俞敏洪等人的论著、文章。这些都能对我的专业发展、学校管理与生命成长起很大的参考作用，我会巧妙地把这些思想与做法融入到学校管理与我的教学中。

第四节　为当教育家作准备

被尊称为教育家的人，大都是从课堂中走出来，从学校中走出来的，而且曾经是一位名师。一个不想成为名师的人，不可能成长为教育家，而不想为当教育家作准备的人，他也不可能变成名师。

我们每一个人的命运都掌握在自己手中，我们每一名教师都具备教育家的潜质。只要我们有做教育家的预期和充分准备，只要我们有内驱力，围绕着一个明确的目标不停地往前走，"未来的教育家可能就是你"。那么，一名教师在自己的教育生活中应该作好哪些准备呢？

首先，我们要有做一个完整的人的准备。所谓完整的人，就是哲学意义上的内心宁静的人：有明确的人生追求，有坚强的意志，有完善的人格，有丰富的学识，有高尚的思想道德情操。

事实上，我们绝大部分人都不是完整的人。影响我们成为完整人的根本因素，是我们在生活中追求了那些凭自己的能力永远也无法掌控的外在诱惑，放弃了那些我们通过自身努力可以控制的东西。浮名、金钱、权力、地位不是我们凭自己的能力所能控制的，但我们对此却情有独钟，想不开、放不下，总想千方百计地得到它们。追求这些我们无法控制的东西，会使我们的生活出现这样的现象：当我们处在顺境时，就会自我膨胀，既目空一切又人格猥琐，既自满自大又自暴自弃，既崇尚权力又是上司的奴隶；当我们失意时，就会感情麻木，性格无常，生活怠倦，患得患失。这样的人是双面人，没有自己的思想，自己的命运总是依附于别人，把"我"当成了别人的工具。与此相对应，良好的性格、情操、意志等，这些与我们的生活息息相关的精神品质，就完全可以通过自身努力为我们自己所掌控：我们没有智慧，可以通过读书进行求索；我们没有能力，可以带着谦逊的态度向别人学习；我们没有意志，管不住自己的情绪，可以通过自我监控、自我激励使自己变得坚强；我们没有善意识，可以在生活中通过一件件小事逐步培养。这些品质虽然远离我们，但只要我们在生活中时时处处注意规范自己的行为，就一定能提升自己的境界，把自己打造成一个完整的人、有理性的人，能按照自然法则行事的人。什么时候我们没有了怒气、怨气、俗气，能够面对金钱、荣誉、地位做到平心静气，顺其自然，我们离教育家也就更近了一步。作为教师，要想成为一个教育家，我们首先要修炼的是如何成为一个大写的人。一个教育家，实际上就是一个思想家，亦即有自己的思想而不是别人的思想。

其次，我们要有知识的储备。所谓"知"，意味着要学贯中西，了解教育发展的历史，清楚教育发展过程中的流派，明白不同教育大师的教育理念，今后教育发展的方向趋势，凡是重要的教育观念均在我们的视野之中。所谓"识"，就是我们有理性的判断，不为任何一个教育观念所束缚，能够取其精华，形成自己的教育理念。任何一个教育家都是在独特的历史和社会条件下形成的，他们的教育思想虽然闪耀着理性的光辉，但不可避免地或多或少打上了时代的烙印。知识的储备就是站在巨人的肩膀上提升自己对教育理解的高度和深度，不同的教育家尽管在对教育的诠释上都有着共性的认识，但每个教育家的教育理论都有着自己独特的发现。因此，我们在踩着教育家的肩膀提升自己时，就要认真厘清那些教育大师的肩膀究竟在哪里，我们在为自己进行知识储备时，思考、探索、吸收、扬弃、创造就显得尤为重要。如果我们在进行知识储备时缺少这样一个过程，我们思想的真正形成就无从谈起。

再次，我们要有实践的准备。我们每一个教师都在教育一线和学生进行着零距离接触，教育中的常见现象我们每个教师都能举出许多案例来。教育家和教书匠的分水岭在于：前者善于对那些见怪不怪的教育现象用自己的眼睛去观察，用自己的大脑去分析，用自己的思想去发现，并结合教育理论，对那些复杂的教育现象进行系统的梳理、归纳，从纷乱中找出规律，从偶然中找出必然，从复杂中看出简单，从不可能中看出可能，学生的一言一行、一举一动都会纳入其研究范围。有实践准备的教师，必然是一个热爱教育的人，热爱孩子的人，善于坚持写教育反思的人，注重学生情感发展的人，和学生打成一片的人，把教育视为生命的人，注重研究课堂教学过程的人。

为当教育家作准备，既应是我们每一个教师的个人生命追求，也是我们的职业道德责任。我们很多教师之所以不愿意为当教育家作准备，并不是因为教育家高不可及，而是因为我们还没有感受到深入其中的乐趣，一旦我们深入其中就会发现，我们教育生活中每一个细小的现象，都会是那么的美好，我们的整个生命都会沉浸在无比幸福之中。

上面的一些观念和要求，多年来我都在一一遵循与落实，虽然结果并不尽如人意，但是我一直在矢志不渝地追寻。我一直认为，挑战是最大的资源与机遇。下面我向大家讲述两个我在追寻名师道路上所遇到的挑战。

第一个挑战：2012 年，我被山东省教育厅聘为专家，参加了"1751 改革创新工程"调研工作，17 代表山东省的 17 个地市，51 代表在 17 个地市各选三所学校，一所高中、一所初中、一所小学。我参加了其中的一个专家组的行动，专家组包括全省知名校长、知名教师和有较高水平的科研人员，而我当时还只是一名普通的农村学校校长，我想，这也许是领导想通过这种活动来锻炼我吧。怀着紧张的心情，我走进了我们组负责的三个地市的九所学校。我们调研的方法是这样的：首先听校长汇报，然后检查学校档案材料，再走进课堂听课。完成这三个步骤后，我们两人一组分别进行校长、教师、学生和家长层面的访谈与问卷调查，最后观察学校内外环境，当晚把一天的调研中发现的问题、所作的结论等信息总结出来。就这样，我们每天一所学校，一干就是九天。但这还不算是最大的挑战，最大的挑战是安排我撰写两所学校的调研报告，要求在真实分析学校现状与问题的基础上，找到学校发展中的优势与问题，并依据问题提出科学的建议，指明学校今后发展的有效途径。记得我经常熬到深夜，稿子检查了数遍。几天后我被通知去青岛，在那里，专家组对我们撰写的报告进行了详细的审阅并提出修改意见，我回家后又彻夜修订。半个月后，我们所有调研组汇聚日照市，并亲自向被调研学校的校长和当地教育局局长汇报解读调研报告。当时我撰写的报告赢得了项目学校的高度认可，连连说"专家就是专家"。这哪里是专家的原因啊，完全是硬挤压出来的东西。但是经历了这次行动，我了解了小、初、高三个学段学校的特点，学会了如何调研一所学校以及如何撰写调研报告，尤其是通过全貌性地观察诊断一所学校，无形中快速提升了自己的管理水平和领导力，并有机会与各路专家当面对话学习。

第二个挑战：在2015年9月，我被派往大兴区兴海学校挂职副校长，帮助这所学校进行教师培训和制订课程改革方案。单说制订课程改革方案一事，就把我难住了，照搬育英学校的课程改革方案不行，自己整合各地先进经验不行，这两种方式都可能导致方案不能有效落地。我选择了一条根植学校文化传统制订课程改革方案的途径。为此，我经常走进教师的课堂，经常与校长和老师们交流，目的是最大限度地涉猎一些信息。就这样，半年后我才动手撰写方案。下面这篇文章《课改规划更应植根自身》就是我制订课程改革方案的理论依据，曾经发表在《中国教育报》2016年5月25日第8版上。这次行动也是一次挑战，让我能够站在文化的高度来思考架构课程改革方案，为今后我主导的课程与教学改革提供了丰富的实践经验。

一所学校，常常有其在历史中积淀下来的、由一批批教育者和学习者赋予的独特鲜活、富有个性的文化元素。但令人遗憾的是，这些文化基因和教育元素，却沉睡在校园的角落里，大家对其灵魂与价值视而不见。这与课程改革中缺少对学校文化和生命历程的尊重有关。

当前的学校课改存在一定的误区：由于上级主管部门要求课改的压力，不少学校热衷于学习媒体报道的种种教育创新经验，乐此不疲。即便在落实时发觉有脱离实际的地方，但为了应付检查评估，于是就强力推行。在此过程中，课改被窄化成了教学改革，教学改革又被窄化成教学技术和方法的改革，教学技术和方法的改革则被窄化成小组学习和学案改革，或者窄化成做题和训练改革。这种现象屡见不鲜。

一段时间后，当大家发现学生的负担越来越重，其生命成长、创造性思维和综合实践能力的培养等遭到前所未有的摧残和制约，就会纷纷转向，再次追求教育转型，重建教育新常态。三级课程的整合、国家课程的校本化、校本课程的多样化和个性化，开始在各中小学大力实验推广。有的学校开发了上百种校本课程，有的学校视所有教育行为皆为课程，校园里还出现了"课程超市"，课程整合、课程校本化成了学校的热词。

教育回归本质令人欣喜，但改革方式却不免让人担忧。大家纷纷把满足孩子们多样化和个性化成长作为课程改革的高度，一阵风地开发校本教材、开设名目繁多的校本课程，导致课程改革变成了做加法，教师和学生增加了一层又一层的课业负担。对于学生来说，以他们有限的精力和时间来面对这些眼花缭乱的课程与活动，只能望洋兴叹。对于教师来说，要应对"加法"，就没有足够的精力与良好的心态去研究教学问题的解决策略，创新课程的积极性也大打折扣。课程并不是多多益善，更不能哗众取宠。当前，已有不少学校意识到上述现象和问题，认为一所学校应该有它的整体课程改革规划，有自己的校本课程体系架构，但是能找到切入点的学校却寥寥无几。

要找到切入点，首先要寻找到自己学校的文化源泉，洞悉自己学校的办学精神与核心价值观。一个学校的优秀历史文化传统，一定是在尊重师生的生命经历、尊重社会文化元素的基础上形成的。只有厘清学校的历史文化，明确学校课程发展的传统、优势与困难，尊重每个人生命中的重要经历，才能发现学校的课程建构依据与资源，促使学校直面课程与教学实践中的关键问题，从而激发学校由内向外、自下而上地变革。

学校整体课程规划必须由学校自己来做，任何个体或组织都不能代替学校的主体地位。学校整体课程规划源于学校自身的困惑与理想，不同学校之间发展状况不同，不能完全沿用国家与地方的课程计划，也不能照搬其他学校的课程规划模式。只有以学校为本，准确寻找到学校的人文脉络，将学校在历史中积淀下来的那些宝贵的文化元素和当下学校的文化元素像珍珠项链一样串联起来，规划出能反映学校历史文化传统和适合学校现实情况的课程体系，才能真正发挥学校在理想与现实之间的中介作用，凸显课程规划的价值与意义。

学校应结合时代精神和自身的历史文化传统，明确学校核心价值观，并在基于核心价值观的顶层设计下规划课程改革。这样，教师才能够有的放矢地进行研发，设计出触发人生命内核的、以学生为中心的课程。而这样研究出的课程才有根源，有愿景，能够传承，能够创新，能够有效地发挥课程育人的功效。

第五节　要有自己的教学主张与风格

一个名师，经过多年的教学实践与历练，一定会慢慢生成自己的主张，形成自己的风格。而他的主张，慢慢会与他的做人、工作、教学、管理等行为风格化为一体。待条件成熟了，就会变成学生、家长、同事所敬佩、可供学习借鉴的产品，不仅仅在当地小有名气，还会慢慢在全市、全省、全国变得越来越有名气。他的主张和产品，不仅仅适用于个人，供他人学习效仿，也适用于一所学校，对其他地区的学校也有较强的普及意义与价值。

基础教育领域的教师，大多在循规蹈矩地遵循上级业务部门和学校的规定动作，教师没有意识提炼自己多年的探索，形成自己的教学风格，继而形成自己的教学法或教学主张。其实，理想的教育，是需要教师能够创立自己的教学法，构建自己的教学主张的，即使普通教师，也应该如此。当普通教师能够创立自己的教学法，能够按照科学和规范的程序，对自己的教学经验、教学主张进行提炼和加工，并进行理性的升华、理论的提升，也就象征着他已经步入名师的行列，因为由此他有了自己的成果和产品。

我在自己的教育生涯中，比较心仪这种做法，力争在自己的教学实践中形成自己的风格和主张，不只是整体的教学观念，就是具体的教学行为，如听、说、读、写等，我都会努力形成自己的风格，构建自己的做法。自己做了校长，也是注重引领教师走这样的道路。我一直提倡教师要有自己的思想和个性，有自己的知识与做法，鼓励教师成为专家型的教师和教育家型的教师。

首先为自己的教学法取个名字。很多教师经验丰富、成果不少，但是却形不成一个概念来精准地说明自己的特点。起个名字下个定义，界定好这种教学法的内涵和外延，这样才能名正言顺。其次说明环节和操作程序，即它的教学环节和操作程序。再阐述依据和创新价值。（王敏勤：《普通教师也能创立自己的教学法》）

当然，一个教师的教学法不是自然生成的，而是不断总结和反思的结果。只有不断地梳理自己的教学法，才能提高自己的教育理论水平与教学质量，才能把自己的研究成果分享给他人并有一定的社会影响力，才能逐步成长为专家型教师和教育家型教师。

一名教师的教学法、教学风格，或者是他的教学主张，是在教学中自然表现出来的一种稳定的个性的教学面貌与图景，也是一个教师日益走向成熟的标志。它体现了一个教师独特的审美情趣、哲学思想、思维方式，甚至还能体现一个教师的气质、性格、能力、修养等多种个性素养。作为学校管理者，应引导教师充分认识、把握自身的个性特征，并按照课程标准、教学目的和审美诉求，鼓励他自始至终地将之贯彻运用于教学实践，使其逐步形成一种独特而稳定的样态，呈现出浓厚的个性色彩，散发出诱人的魅力。

比如，我在长期的英语教学实践中，悟出了指导毕业班学生英语写作的教学法，我把它命名为：初中毕业年级英语"三段式"写作教学法。

英语"三段式"写作教学法是我根据多年初中毕业年级复习的特点和规律，根据英语课程标准的理念和学生的迫切需要在实践中总结出的做法。它既符合中考复习规律，又适应学生的心理接受能力，能使学生对写作始终兴趣盎然。现仅把操作流程简单呈现出来：

第一阶段（第一学期9月—12月下旬）：开放写作（open writing）。

（1）听写结合；（2）说写结合；（3）读写结合；（4）译写结合；（5）赛写结合。

第二阶段（第二学期1月—4月下旬）：引导写作（guided writing）。

（1）写作能力的引导；（2）写作过程与技巧的引导；（3）文化意识的引导。

第三阶段（第二学期 5 月—6 月上旬）：控制写作（controlled writing）。

（1）课堂限时成文策略；（2）评价与反拨策略。

以上是基于学科的教学法的流程介绍，有的教学法是综合的，适合于多数学科。比如我做过一个课题"初中领导式教学实践研究"，可以引领学校各个学科教师的探索实践。我把其概念定义为：作为领导者的教师采用影响、激励和授权等领导策略，通过制定目标和计划、建立学习规程与检查和评价机制等手段，激发学生及其相关影响者的动机和积极性，以"问题"为课堂主体，构建课堂学习共同体，教师和学生均作为共同体平等一员，在课堂学习中高度追随这一"主体"，彼此都以"问题"的名义向对方发表见解，学生未经中介而直接接触"主体"，教师依据"问题"引领学生自主、合作和探究学习，起到示范、服务作用，以实现学生学习成功和达到课程教学目标的过程。其理论依据是中国领导式教学研究者薄蕊、鲁子问的观点：领导式教学理念的核心是以领导的方式进行教学，教师作为学习共同体的领导者运用领导策略引导学生学习。

我认为，教师能否成长为名师，其关键在于教师教学主张的明晰与模糊。在教育界，往往时兴教师学习外来经验或遵从专家指导，却忘了构建自己的教学主张。我希望学校要慎重进行"一刀切"改革，关注教师个性化的教学主张的生成发现；希望教师学会提炼自己的教学主张，经常对自己的教学进行思考，厘清思想脉络，逐渐由经验走向理论，让自己的教学精神、教学观念与学科文化融为一体，寻找自己主张的依据。学校要尊重这些有教学主张的教师，努力支持他们的改革创新。当然，学校的教学改革主张首先要精准，教师的教学改革才会有效，才能形成不同特色的教学风格。

余文森教授有这样的观点，我非常认同。他说："如何从优秀走向卓越，走向真正意义上的名师？这一过程有很多制约的因素和条件。但是，从专业的角度而言，我认为最基础、最核心、最根本的是要提出、形成并凝炼自己的教学主张，我称之为名师的专业生长点。"

我长期从事初中英语教学，深知当下英语教学的弊端。中小学生为了学好外语，不分昼夜地背单词、听录音、研究语法、请家教。即使一部分学生成绩好些，也只是做的试题多一些，阅读水平比一般学生高一点，而仍然是对外语听不懂、讲不出，难以用英语作为工具与人交流思想。造成这种英语学习现状的原因很复杂，有受传统英语教学思想和教学方法影响的原因，有受应试教育影响的原因，也与教授者还不能充分理解和重视语言学习本原规律有关。对外语学习，有人提出从语法入手，有人提到听说是关键，还有人建议听说读写一起练，用十个指头弹琴。反映在一线教师课堂上，教学观念与方法更是五花八门。英语教学，长期在一种费时费力的黑暗中摸索徘徊，没有找到一条便捷有效的学习途径与策略。

于是，我决心从英语作为一门语言的习得规律出发，遵循语言的进化、成长和文化三大本原律，结合新课程改革理念和英语课程标准的规定，多年坚持进行"基于语言学习本体论的英语特色课程行动研究"。功夫不负有心人，逐渐也形成了自己的教学主张，现提供给大家一起思考。

一是以聆听为学习切入点，驱动学生英语自然习得。声音是语言天然的生理的媒介，文字只是语言的人工媒介。语言学习首先是大脑对声音的加工过程，将声音与情感、声音与语义及语法相联系的过程。以往的外语教学体系，大多对聆听在语言学习中的关键作用重视不够，重读轻听，重文轻语，导致学生英语学习出现缺陷。因此我试图尝试一种新的英语课堂学习策略，在课堂上，自始至终从聆听开始，再说、读、写。课前课后，同时探索从聆听开始的活动，如听英语歌曲、英语广播、英语配音等。学习评价增加每学期一次的口语测试。

二是依据课程标准精神，研发真实的英语文化素材。语言学习是学生与语言文化素材的互动，语言学习的启蒙素材是学生吸收外语的第一食品，它绝对应当是富含文化营养的食品，恰如母乳。外语学习接触吸收的真实的语言素材，能对学生外语能力的培育产生长远的潜移默化的影响。以前，众多学生学习英语进步缓慢，即使通过了这个那个考试，最终能达到的中西文化修养的高度很有限。用语言文化的"母乳"突破学习教材，是学好英语的不二法门。我选用原汁原味的"外版教材"*New Headway*作为实验教材，同时自主研发一些适合学生的真实的语言文化素材，拓展课程资源，提高跨文化意识。

三是开发英语学习工具，挖掘语言表达艺术。语言不仅是人类最强大的交流工具，也是人类最优美的表达艺术。因此，不可把语言这一人类独有的永恒艺术仅仅当作实用工具。语言艺术包括聆听的艺术，口语表达的艺术，朗诵表达的艺术，文学表达的艺术，思想淬炼的艺术，等等。要学好语言，学习者应该把自己当作艺术家而非考生，涵养艺术家的美感，发展艺术家的鉴赏眼光，培养艺术家的气质，挖掘语言艺术表达的热情与创作冲动，超越考试。因此，我充分开发多种多样的语言学习工具，如积极利用音像、电视、书刊、网络信息等丰富的课程资源。在英语学习中挖掘运用各种专门艺术形式和手段，如英语游戏、英文诗歌、英语节日等，努力创设情境，把文本知识与现实生活相对接，模仿和再现英语文化语境，使学习者进入真实的、自然的语言交流之中，进入艺术再创造的角色，在不知不觉中掌握英语。

为了促进教师形成自己的教学主张，我曾经联合北京本真教育文化公司组织了一次"我的教学主张高峰论坛"。具体做法是让参加活动的老师按自己的教学主张上一节公开课，然后再把自己的主张讲给大家听。为此，我校参加活动的老师在学科组的帮助下，将一些零散的经验汇聚在一起，按着起一个名字、进行概念阐释、寻找理论依据、策划操作流程等路径梳理出自己的教学主张——悦动语文。

我也会邀请一些有自己主张的名师走进学校，让老师零距离感受他们的教学个性与主张。我曾经邀请过青岛的苏静老师到学校授课，下面我呈现当时我评课时的文字，大家会从中体悟到苏静老师"诗意课堂"的教学主张与她的独特的个性魅力。

听苏静老师的课，感受她独特的人格魅力，欣赏她新颖的教育视角。她那敏捷的思维，流畅的语言，精美的措辞，坦诚的话语，会给在座的每一位老师留下极为深刻的印象，使我们不得不为她身上所具有的那种古典文化的特质所折服。在课堂中，苏老师的自然而贴切的引用，行云流水般的演说，使我们在享受中无不为之惊叹，同时也让我深切地体会到语文的诗意离不开教师自身的文化素养，一个没有文化内涵的教师是不可能使这种诗意弥散于语文的课堂教学之中的。同时，我想，不管是教授哪门学科的老师，也都应因此受到启发，只要我们以艺术的眼光来构建我们的课堂，我们的教学就一定充满无限的春光。

可能在座的所有人都能够感觉到，苏静老师的语言，最大的特点是诗词曲赋、经典名句的运用如囊中取物，信手拈来。我不禁惊叹她超凡的记忆力，惊叹她丰富的语言积累。我想，只要一个人的脑海中装着中国古典文化最精粹的篇章，自然会居高而临下，出口而成章，妙语成连珠。

原来，我们往往错误地认为，学生的认知与年龄密切相关，很多知识，很多思想，我们不必过早、过深地渗透给学生。但是，今天听了苏老师的课，了解到她大容量的语文课堂教学，我的心灵的确为之一震，原来，语文课可以上得这样宽泛！回想以往的教学，也有文本以外的拓展与延伸，但那仅仅是蜻蜓点水，浅尝辄止，既没有系统地去查阅资料、阅读相关的文献，也没有系统地构思，设计呈现形式。而苏静老师，却能把一篇《燕子》上成一堂文学综合课。从朱自清的《春》到钱钟书的《窗》，从陆游、唐婉的《钗头凤》到南唐后主李煜的《虞美人》，再到德国的里尔克，春天，成了课堂的主话题，穿越了时空，穿越了国界，流淌在学生心间的，是对文学深邃的理解，对人生深刻的感悟。这，才是真正的大语文教学观吧？

我想，在让深邃成为学生的习惯之前，先让深邃成为我们教师的习惯！"腹有诗书气自华"，是苏静老师和她的"诗意教育"让我明白了这句千古名言的真正含义。

想立志成为一位名师，须通过自己的思考、学习与行动，形成自己的教学法、教学主张与个性风格，如此，你就是一位名师了。

Postscript 后 记

成长是去寻找自己的可能

华东师范大学出版社的编辑卢风保老师约我写一本书,也许是卢老师对我个人的成长经历比较感兴趣吧,他希望我梳理一下自己二十多年的教育生活史,好与更多的人分享,我"勇敢"地答应下来。

之所以不是很自信地答应下来,是因为我曾有过几次想把自己的成长故事作一次反思与总结的冲动,以便自己再次走上更加美好深邃的成长之路,但总不知从何处着手,感觉都是些零散的经验,所以犹豫。我也忐忑,自己的思考与行为,能够给年轻教师的成长以启迪吗?我不敢妄论,或许我们会因文字而相遇,促成生命中的相互成全吧。

每天下班回家,我就迫不及待地打开电脑,按照卢老师给我的写作提纲,从1992年7月第一次走进校园开始梳理,从山东到北京,一所所学校,一幕幕教育生活情景,便浮现在脑海里。时光如梭,人影如星,成长的纠结、蜕变的痛苦、收获的喜悦,伴随着情感之流,在灯光下,被双手自然地敲打出来,更确切地说,是从心里自然地流淌出来。

每一次成长之际,我都会遇到一些贵人,他们总会在我需要他们的时候,如期而遇。

我的一届届的学生们,他们是我成长的源泉,他们对我的尊重、理解与支持,甚至是对我的误解与挑战,都会及时催动我慎独回味,让我懂得了"遇到教育困境,观念需要自我重建"的道理。

我的所有同事们,他们是我成长的伙伴,我离不开他们的精心照料,他们的激励与批评点亮了我成长的心灯,让我能够做到既仰望星空又脚踏实地,去突破教学难点,透析课程热点,寻找教育创新点。

我的那些单位以外的朋友们,他们来自全国各地,从事着不同的职业,有着各自的生命背景。他们皆是我的成长导师,不知是何原因,他们对我总是倾力相助。他们虽然是一些"散落"的人,但是因为共同的志趣与使命,却总会与我在某个时间某个地方相聚,他们是我成长道路上相逢的高人、真人。与他们在一起,可以营设相互激荡的读书思考氛围,我能获知他们的见解和思想,能检验自己的观点和逻辑。

还有我的学生的父母们,他们也是我成长中的相助之人,看到他们因孩子改变了哪怕一点点的感激之情,看到他们为了自己的孩子的成长而与我共建和谐班级的志愿精神,我会由衷地萌发一种力量和信念:我的工作的确是伟大的,我必须热爱它!

我喜欢读书,喜欢思考,喜欢写作,喜欢课堂。我感恩我所阅读过的书籍和文章,感恩这些书籍和文章的著者或译者,因为他们的辛勤劳动、精妙思想与有效实践,给了我灵感,让我成为一个心灵自由的人,拥有了宁静与睿智的灵魂。

本书借鉴或引用了一些教育专家与一线老师的智慧与成果,在此我衷心地向他们表达我的感激之情。

我也要表示对我家人的感恩,没有他们的支持,我便没有多少精力与时间做我想做的事情,做好我喜欢做的事情。

其实,成长的秘诀在于对万事万物的感恩与敬畏,每一件事物都肯定有值得我们学习的优点。只要以一颗坦率真诚的心,一定看得到事物的优点,然后以此为契机,去阅读一本书,或者去听取他人的生命经验,或者当场启程前往某处,让自己更深入地学习与思考,长久下来,气度自然就会有所生长。

《中国人的精神》一书有这样的观点:"人的成长需要灵魂与智慧和谐发展,我们不应该只关注功利的技术和专业等方面的学习,更应该关注灵魂、精神和心灵方面的成长。"之所以有感触,源于它契合了我的生命成长的本质。

一个人不想读书,不想成长,将永远无从知晓自己真正的能力所在,也就无法知道自己是什么样的人,或者能够获得什么样的成就。

历经六个月,书稿终于完成,掩卷沉思,"成长"两个字总也挥之不去。成长永远在路上,愿我们一起去寻找属于自己的可能。

李志欣

2018 年 8 月 5 日